断舍离攻略

秩序化你的生活

[西班牙]艾莉西亚·伊格雷西亚斯 著

凤凰空间 译

江苏人民出版社

图书在版编目（CIP）数据

断舍离攻略：秩序化你的生活 /（西）艾莉西亚·
伊格雷西亚斯著；凤凰空间译. -- 南京：江苏人民出
版社，2020.5
ISBN 978-7-214-24276-1

Ⅰ.①断… Ⅱ.①艾… ②凤… Ⅲ.①生活方式－通
俗读物 Ⅳ.①C913.3-49

中国版本图书馆CIP数据核字(2019)第271105号

Pon tu vida en orden: Cómo recuperar el espacio y el tiempo para ti by
Alicia Iglesias
© Alicia Iglesias
© Plataforma Editorial S.L.
Simplified Chinese edition © 2019 Jiangsu People's Publishing House.
All Rights Reserved.
江苏省版权局著作权合同登记号：图字10-2019-562号

书　　　名	断舍离攻略：秩序化你的生活
著　　　者	[西班牙]艾莉西亚·伊格雷西亚斯
编　译　者	凤凰空间
项　目　策　划	凤凰空间/徐　磊
责　任　编　辑	刘　焱
特　约　编　辑	徐　磊
出　版　发　行	江苏人民出版社
出　版　社　地　址	南京市湖南路A楼，邮编：210009
出　版　社　网　址	http://www.jspph.com
总　经　销	天津凤凰空间文化传媒有限公司
总　经　销　网　址	http://www.ifengspace.cn
印　　　刷	固安县京平城乾印刷有限公司
开　　　本	889 mm×1 194 mm　1/32
印　　　张	3
版　　　次	2020年5月第1版　2020年5月第1次印刷
标　准　书　号	ISBN 978-7-214-24276-1
定　　　价	29.80元

（江苏人民出版社图书凡印装错误可向承印厂调换）

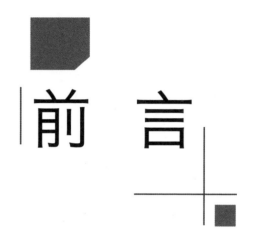

前 言

如果你拿到了这本书，说明你已决心改变生活中一些令你烦恼的事情，可能和你家里杂乱的状况有关。其实不必焦虑，你可以通过良好的家庭秩序来改变糟糕的现状，从而避免成为家务的"奴隶"。

良好的秩序可以带给你很多益处，比如让你拥有一个惬意的早晨，免去因上班迟到而受到惩罚的压力，以及让你晚上一推开家门，就能走进一个温馨舒适的家。

打理好家务，你就可以集中精力去应对其他挑战，比如工作、人际交往及其他事务等。而在这些方面，秩序一样会帮助你轻松地实现目标，或者至少给你一点推动力。不管你是管理一家公司，还是经营自己的工作室，或者只是以简单的生活方式享受轻松生活，拥有良好的秩序都非常重要。

这些年，我在研究秩序与个人、家庭之间的关系以及人们如何追求幸福的过程中，意识到一件事：幸福的人往往有一些共同的特点。

首先，幸福的人大多比较热爱简单的生活。一般来讲，你需要的东西越少，越接近简单生活的方式，也就越接近幸福。其次，幸福的人大多有明确的目标，以及专注于实现目标的能力和毅力。事实上，如果你不知道自己想要什么，就很难找到幸福的感觉。如果你什么都不想要，没有任何需求，那么即使你每天都有所收获，也不会有满足感。我见过不少人对生活感到沮丧，就是因为他们没有自己的目标，没有奋斗的方向，不知道怎样才能真正快乐。最后，幸福的人大多拥有良好的组织、计划能力。为了实现目标，一定要有所计划。计划并组织完成一切必要的步骤，直至终点，这可以称得上是一门艺术。

我的意思并不是有了秩序，你便会神奇地得到这一切——我当然乐见其成，但可惜事实并非如此。但我能保证，我的方法可以帮你解决很多问题，让你把精力集中在真正有价值的事情上。我还可以保证，秩序会让你与同住的人关系更加和谐，大大减少生活中的摩擦，而这一切都将有助于你过上更平静、更幸福的生活。

在本书中，我会帮助你理解秩序是什么，它有什么好处、如何运作，以及为什么秩序能帮你实现美好生活。此外，我将提供很多技巧与方法，帮你在家庭中建立良好的秩序，提升生活品质，而舒适的家则会帮助你实现其他目标，让你获得更大的幸福。

除了这些，本书中的清洁相关内容可以帮你优化时间，大大减少你在某些烦琐的日常家务上所耗费的精力，比如熨烫衣服、清洁卫生间等。最后，本书还提供一些关于如何装修房屋的建议，可以减少你日后清理的工作量。

这一切的目标都指向一个清晰而具体的方向：追求幸福。

想象一下，当你经过长途旅行来到一家豪华的酒店，走进一个干净整洁且充满芬芳的房间，然后躺在舒适的床上，你会有怎样的感觉？这种感觉正是我想让你在家里也能感受到的。我们会成功的，今天你已经迈出了第一步。

目 录

第一章

秩序和混乱

第一节　想要生活好，秩序很重要

在我们生活的各个方面，无论工作、购物还是休闲，秩序都是至关重要的。良好的秩序有助于我们冷静地处理每天的混乱局面，让我们感到一切都在自己的掌握之中，从而对自己和生活充满信心。

当所有事情都在掌握之中时，我们便可以过上有条不紊的生活，大脑也会卸下重担，减少消耗，从而获得休息。这将降低你承受压力、出现差错的可能性，改善你的健康状况，让你的生活更平静、更快乐。

想要验证这一说法吗？可以做个小试验。回想一下你每天会说多少次类似"我不能忘记……""我必须记住……"这样的话，或者想要记住一些重要事情，结果还是忘记而没有完成。想想看，这些情形在你身上发生了多少次。

这些情况在日常生活中很常见，其产生原因主要有两个。首先，很多人缺乏良好的日常生活习惯，而某些习惯一旦养成，很多行动我们会不由自主地进行，不需要过多思考。其次，我们的大脑中满是各种信息和任务，根本无法记住所有事情，更不要说按照我们想要的理想速度运行。这就是为何有时我们会说"我再也受不了了"，因为我们的确压力过大，并因疲倦而焦虑。

不用担心，在本书后面我会教给你一些方法和技巧，以便让你用一种简单的方式实现良好的秩序，免于被日常生活所奴役。

第二节　混乱是这样产生的

在讨论混乱为什么会产生之前，先说说如何从混乱中恢复对生活的掌控。最重要的一点是，从一开始就要在家中建立良好的秩序。

这很关键，因为在生活中，根本没有所谓神奇的方法能一下解决所有问题，只能对某些具体问题进行了解和分析后，再寻找解决方法。我们每天都在适应这些解决方法对生活带来的改变，从而形成新的日常生活习惯。

因此，在整理之前，我们必须明白为什么会产生混乱。只有了解产生混乱的原因，才能找到有针对性的方法来消除它。

请注意，我们的目标是消除混乱，而不是姑息它的存在，因为若只是单纯改变混乱的地方，从根本上来讲是没有任何用处的。比如把桌子上堆放的杂乱物品同样杂乱地堆进收纳盒里，一段时间后（一般只需几周甚至几天），你会发现情况还是一团糟，并没有得到任何改善，然后你会继续对此头疼不已。

说了这么多，现在回到本节主题——为什么会产生混乱。事实上，在大多数情况下（当然并非所有情况都是一样的），混乱是由积累问题引发的。比如，我们的衣柜里有太多的衣服，或者给孩子买了太多的玩具，又或者书架上摆放了太多的书籍。

这就是为什么你找一个职业整理师，他通常做的第一件事就是帮你把重要物品之外的东西都扔掉。这会让你大吃一惊，因为远远超出你的想象。

这可以说是积累问题导致混乱的一个有力证据。事实上，即便是最有条理的人，也难免会面临积累问题。很多人都出现过这样的情况，他们发现衣柜和抽屉里有买来之后就再也没打开过的衣服（有的衣服上甚至还带着标签），或者还有几年前就想要扔掉而没扔的东西。

此外，造成混乱的原因还有很多，排名第二的是，我们没有给物品安排固定的存放位置，而是经常随手放置。所以，当我们打开抽屉的时候，可以发现很多让你觉得"竟然会出现在这里"的东西，比如电池、发夹或者硬币。很多人在客厅或橱柜里放置了收纳箱，但如果问他们里面装了什么，他们肯定不知道该怎么回答，也许里面扔着几年前的报纸、杂志，或者其他已经失去兴趣的东西。

即使你给物品安排了固定位置，也一样可能出现混乱。比如，当你购买了一个玩具、一本书或一包信封时，你知道大致要把它放在哪里，但当你真正去放的时候才发现已经没地方了，这可能是因为你没有给物品合理分配空间。

比如，由于鞋柜的空间有限，装不下的鞋子就要放到房间的其他地方。再比如夫妻共用衣柜时会感觉衣柜空间不够用，或者厨房某个空隙里装满了几乎没用过的东西。这就是导致混乱的排名第三的原因：缺乏规划。

搬家的时候，我们只是把东西从行李箱中拿出来，再把它们放进柜子里，却并不考虑这样摆放是否妥当，对分配空间有何利弊。如果没有任何空间规划，就会出现某些空间空置而另一些空间饱和的情况，这样的房间住着并不舒适，然而我们每天都要住在这里。

这是我们对空间和物品失去控制的第一步。接下来你会发现，有些物品被遗忘在衣柜的底部，还有一些似乎总是被夹在中间。这真是一个可供积累问题容身的"完美房间"啊。

第三节　我们为什么而积累？

　　积累问题不是最近才出现的，而是很早就有了。富有的人常常拥有数量众多的物品，因为物品的积累在某种程度上体现了社会地位与财富。

　　20世纪，我们经历过战争。在这一时期，物资的匮乏给人们造成了一系列创伤，使很多人养成了毫无意义的囤积物品的习惯，目的是以防万一，或者仅仅为了享有他们在过去无法拥有的东西。

　　出于某种原因，我们把积累这种深入骨髓的行为不知不觉地传递给了下一代，自己却没有意识到这一点。尽管现在流行极简，但我们仍旧会对过着简单生活甚至几乎没有财产的人感到惊奇。

　　不过，相对于极端的禁欲者和病态的囤积者而言，我们大多数人实际上处在一个中间地带。这更加贴近日常，也是我在本书中要集中探讨的问题。

　　此外，没有人教我们如何扔掉、安排多余的物品，相反，你听到更多的可能是这样的规劝："它总会有用的""你要扔掉它吗"，或者"这是某某某送给你的"。

　　当然，还有其他原因，共同致使我们的家里堆满了物品。而解决积累问题的关键是要明白这样一件事：我们才是生活中的主角，而不是那些物品。

第二章

秩序 和我

生活为什么需要秩序？

生活为什么需要秩序？这绝不是早晨一觉醒来就能突然明白的事情，至少对我来说不是。事实上，这需要一个缓慢渐进的过程，需要有生活经验的积累。我对生活秩序的认识始于 17 岁第一次独立生活时。

刚开始，我很高兴能按照自己的风格装饰房间，让它符合我的品位，并拥有我自己喜欢的各种东西。时间慢慢过去，我拥有的东西越来越多，但起初还不算严重，搬家只需用一个下午和朋友一起就可以完成。但后来就没那么轻松了，只不过我当时还不曾注意到这种变化，毕竟东西变多挺正常的，不是吗？

事实上，我不是一个特别整洁的人。我会在回家后把外套随手一扔，把餐具堆在桌上好几天，或者把旧衣服堆在椅子上不管。我并不羞于承认自己不是那种天生就有条理的人，这也是我非常理解咨询者的原因，因为我自己以前和他们一样，所以我理解他们的想法，了解他们的问题，知道给他们造成困扰的原因。

第二次搬家的时候，我首次遇到有关空间的问题：我从一个有着超大衣柜的群租公寓搬到一个只有 45 平方米的小公寓里。一开始我觉得还好，搬家后遇到这种情况是正常的。小公寓里有一个占据了一整面墙的壁橱，这非常好，但房子的亮点仅此而已。

随着时间推移，橱柜和抽屉里的物品一如既往地越来越多，到我结婚后伴侣搬来和我一起住时，东西多得几乎失控了：我们不得不把一个帆布柜挂在马桶上用以存放部分物品。

这里要暂停一下，与你分享一个成熟且经过验证的想法：如果一对夫妻不能在 45 平方米的房间住得舒适的话，那肯定有哪里不对劲。我们当时的问题就出在购买的物品上了。

我那时候很喜欢购买打折物品，比如 7 欧元的裤子、5 欧元的 T 恤，而且我不想扔掉任何一件，总觉得那是花钱买的，不舍得扔。

因此，我们决定搬去一个更大（也更贵）的公寓。新公寓的地板开始是半空的，后来物品慢慢增多，多到我们不得不移动家具腾出空间，甚至储藏室里也堆满了箱子。

我们不时地在周末做一些马拉松式的清洁工作，清理掉几十个装满了东西的袋子与盒子。这让我们感觉良好，就像一个负重的人终于甩掉了肩上沉重的背包。

直到这时，我仍然没有意识到家里的秩序与积累问题，不过已经开始注意到物品多到可以淹没房间的数量与其所造成的压力之间的关系了。我还注意到，每当我想重新振作、改变生活的时候，都会换房子，或者清理、重新粉刷房间。

接下来是搬来搬去的阶段，我在 4 年内换了 4 次房子。在那段时间里，我开过 2 个小型时装商店，每次开店前都将店内清空，然后搭建一个 12 平方米的储物小空间。

那也是段疯狂清理的时期，我最终清理掉几十箱书籍和衣服，结束了它们与我的纠缠。我变得越来越实际，意识到积累的物品是一种负担，会导致空间变得拥挤，并会限制行动的自由。

我开始把想要购买的每一件家具、物品看作是一个问题，而不是一个简单的愿望，并首要选择实用性。比如相对于传统图书和家具，我更喜欢电子书和可拆卸的低成本家具，因为当我不再需要它们时，可以毫无遗憾地更换。

曾有一段时间，我找遍借口逃离我们的居所，比如在外面吃晚饭，想办法拖延回家的时间。后来家里变清爽了，这种习惯也随之改变。这让我明白了家庭环境有多么重要，对我们的心情和生活方式有着怎样的影响。

随着我自己的改变，我能清楚地意识到其他人出现了哪些类似问题。比如，我的亲戚朋友会把家具塞进本不可能放置的狭窄空间里，几乎没有留下移动它们的余地。但他们为买这些家具花了很多钱，所以并未想过要扔掉它们，而我认为这些家具的存在的确是个问题。

我认为，一件物品的存在，要么是为了使我们的生活更方便，要么是为了使我们感觉舒适，要么是为了解决某个问题。但现实是，我们的生活围绕着我们拥有的物品而展开。

我们购买或租用房屋取决于它能否放得下我们的物品，这一条件有时甚至优先于地点或价格；我们在客厅里行动不便，因为有个超大的沙发阻碍行动；还有看起来小得可怕的卧室，因为我们坚持要把巨大的梳妆台搬进去。

这些问题都可以通过我的秩序方法来解决（具体的解决方法见后文）。通过良好的秩序与合理的消费，我们可以与物品建立健康的关系，从而营造令人舒适的房间，可以让我们在空间中随意走动，自由自在。

秩序让我们的生活井井有条，并带来良好的家庭环境。这是一个自然且符合逻辑的过程，因为秩序会带动整个生活方式的良性循环。在良好的秩序下，我认真规划并执行日常生活计划、菜单和时间表，这彻底改变了我的生活。

在与众多咨询者的接触中，我发现很多人在经历过类似于我家的情况后，在处理物品时往往更有条理，可见这不是偶然的。

我的意思是，掌握秩序是一个必须有所经历的学习过程，然而学校或家庭中很少有人教给我们这些知识。相反，我们生活在利于消费的社会环境中，各种促销和难以抗拒的优惠活动会来"轰炸"我们，这就是我们的生活难以健康、平衡的原因之一，但我们正在"逆流而上"。你要相信自己可以实现秩序化的生活，一定可以！如果我可以实现，你也一样。

第二节

探索之路，
我和秩序打交道

看完前文，想必你已发现，我们对秩序重要性的认识是通过混乱和积累问题来实现的。这是因为，除非我们在生活中遇到问题，否则不会想办法解决。

我的秩序化方法就是基于试探和错误而一步步探索出来的。遇到问题时，我会思考解决方法，然后去测试，如果这个方法不起作用，我就再换个更合适的方法。小时候没有整理师来帮助我们，也没有相关课程、书籍或其他途径让我们了解这些方法，除非我们一开始就知道怎么处理，否则一点点试着解决就是最好的方式。

幸运的是，现在是信息时代，我们可以在互联网上点击数以万计的视频、文章，可以用所有我们能想到的关键词进行搜索，包括"秩序"。

我学到的很多技巧来自于互联网。有些方法经验证有效，而有些方法却没有效果，我会记下有用的方法。在这样的过程中，我逐渐找到一条通向秩序化的道路。于是我发明了自己的方法，并用最严格的方式来测试它是否有效——在我自己的生活中试行这些方法。

我当时正在研究信息管理问题，主要内容是怎样管理时间和任务；侧重于工作环境。但这让我加深了对时间和任务的理解，于是我把同样的框架转移到日常生活中来，把得到的方法应用于生活当中。

当决定结束职业生涯，转做一名职业整理师的时候，我集中精力，对自己的道路进行了一次精心规划。

根据过往的生活经验，我决定不以空间整理为重点，只把它当成一种手段，一种改善生活和实现幸福感的手段。

所以，你看，这没有什么奇怪之处，我没有参加过整理师相关讲座，也没有遵循任何奇怪的公式。相反地，这是一个自然的过程，我通过自己的生活总结出经验方法，并与遇到相同问题的人分享。

秩序化方法的基础——"马斯洛金字塔"

很多人好奇地问我为什么秩序化方法要从每月的菜单开始。他们还感到奇怪的是，比起整理抽屉或收拾物品，我更关注怎样创造有秩序、能带来幸福感的小角落。甚至还有人觉得我的方法只能应用在个人范畴，对整理家居效果不大，事实上并不是这样。

我的方法就是要改善你的生活秩序，这才是我的最终目标。具体来讲，我的目标不是让你把袜子收拾得很整齐，或者让你的祖母为客厅里的整洁干净而自豪，而是通过秩序来改善更深层次的问题，比如生活习惯，从而让你过上更加充实而放松的生活。或者说，我希望你认识到许多问题可以通过建立秩序来解决（但不是所有问题都适用）。

那么，秩序化方法是怎样的呢？它的基础之一是"马斯洛金字塔"，也就是马斯洛需求层次理论，你大概听说过吧。

这一理论认为，人的需求是按等级排列的，如果"金字塔"顶端的需求没有得到满足，那么这个人就不会得到全部满足。

"金字塔"的等级，按照顺序排列依次是生理需求、安全需求、爱和归属感、尊重、自我实现。下面我来解释秩序化方法怎样通过"金字塔"帮助目标人物实现最高目标。

首先，生理需求主要包括食物和休息等。我的方法正是从菜单（也就是食物方面）开始建立秩序，不仅因为它是"金字塔"底部需求的支柱之一，还因为它在我们的生活中占用时间最多，所以在此建立秩序肯定是有必要的。

下一步工作通常要在目标人物自己的房间里进行。原因有二：一方面，我们要在这一层需求的第二个支柱（也就是休息）建立秩序；另一方面，我们需要一个安全且不会打扰其他家庭成员的环境。

其次，安全需求包括家庭安全、工作职位保障和健康保障。秩序在这一层次似乎没有什么可发挥作用的地方，但有些方面也可以改善。

通过前面两个步骤的工作，目标人物已经看到了秩序化方法的效果，并且相信，通过改善一些曾经努力尝试却没有成功改变的状况，真的可以让生活发生重大变化。这使目标人物获得了自信与时间，而且会让他减轻压力，减少愤怒情绪，更利于健康。顺理成章地，这也会改善家庭关系，减少家庭成员之间的争吵，最终改善家庭安全环境。

因此，秩序化的脚步不要停，带着新建立的信心，将秩序应用于其他区域，继续发挥它的作用，比如厨房、卫生间或玄关。

现在我们谈谈第三层需求的爱和归属感。这一层需求涉及友谊、感情和爱情。你思考一下就会发现，这些关系都受到时间的制约。当我们的个人时间由于工作忙碌或照看孩子而缩短时，这些关系都会受到影响。

秩序对目标人物（当然也包括一些其他家庭成员）在家庭、生活和时间等方面带来的改变是明显的，它既缓解了紧张的家庭关系，又减轻了生活压力，并且目标人物所能利用的个人时间也增加了。当他在沙发上看书或者躺在舒适角落里发呆的时候，会惊喜地发现自己竟然能度过这样美好的一天。

这时，目标人物对秩序已经有了重新认识，这大大增强了他对秩序化方法的信心，为应对下一阶段的严峻考验打下了基础。

针对第四层需求的尊重，我们的工作理念是自信、尊重与成功。如果前面工作做得比较好的话，那么此时的目标人物应该会有足够的自信与信心去处理家庭公共空间，比如客厅或儿童房，在这些地方可能会发生利益冲突。

为了防止陷入争吵的泥潭，目标人物必须学会沟通、谈判的技巧。家是几个人共同生活的地方，想要秩序和谐地维持下去，那么它应该让所有人都觉得合理。一般来讲，要尽量避免将秩序强加于人，不过这种情况有时也是难免的。

如果能够成功度过这一困难阶段，目标人物就可以在整个家庭建立秩序，解决令人头疼的混乱问题，然后迈向"金字塔"的最后一层：自我实现。

这一层需求包括创造性、自发性、接受事实和解决问题等要素。在吸取前一阶段经验教训的基础上，在谈判成功（解决问题）与接受他人的条件（接受事实）后，目标人物便可以自由地制定或修改规则（创造性、自发性），以便家庭成员能够更好地一起生活。

这就是我的秩序化方法，在攀爬"马斯洛金字塔"的过程中，通过建立秩序来改变家庭生活。所以，你现在明白这不是简单的整理方法了吧？

第三章

秩序和问题

积累性疾病与病态

盲目积累（一般来讲，这与不理智消费有关）所造成的生活压力，很可能导致严重的心理问题。然而很少有人研究这件事，所以这个问题并不为人所共知。

有些疾病属于积累性疾病，比如第欧根尼综合症（肮脏混乱综合症）。此外，还有许多其他病态，虽然没有达到病症的程度，但也可能会对个人健康或家庭生活造成伤害，甚至达到不可挽回的地步。其中一些病态是：

①因家庭混乱而产生压力并感到焦虑；

②有失控的感觉，因为找不到想要的东西，或者有非常想买的东西；

③不想待在家里，尽可能寻找离开的理由；

④就混乱及缺乏秩序的问题不断和家人争吵。

当然，生活中还有其他病态，不过限于篇幅，我没有全部列出来。

可能你会发现自己对上面这4条病态都比较熟悉。不用为此难过，事实上这些病态在很多家庭中都比较常见。

平时可能还好，但若是出现其他外部因素，比如工作问题或其他一些问题，你糟糕的家庭环境就可能变成引爆你坏心情的"定时炸弹"。想象一下，所有问题积累到一起，的确会令人郁闷。

秩序化的目的就是要让你享受家庭的温馨和轻松惬意的日常生活，帮你优化时间安排和工作方法，让你拥有一个安宁、放松的角落，活得一天比一天自在。

秩序带给我们的好处

很多人错误地认为，建立秩序只是为了让家里变漂亮，就像在照片墙（Instagram）和拼趣网（Pinterest）上的图片那样。因此他们觉得这是件肤浅的事，只对那些关心室内设计、装饰或者仅仅是因为虚荣才整理家居的人来说比较重要。然而事实并非如此。

建立秩序有很多好处，第一个也是最明显的好处是它可以让精神和身体放松。在一个有秩序的地方，一切都是有逻辑且连贯的。

这不是我发明的，古人就已经实践过了。古希腊人、古罗马人建立了良好的秩序，我们今天使用的一些规则、定理正是从那时便有的。比如欧几里得提出的黄金分割理论，我们用它来计算并分配空间比例，会提升视觉效果。再比如日本那些著名禅宗寺院的庭园和留白的房间，也给我们一定启发。

现代社会出现了职业整理师，较为早期的比如大卫·艾伦，他提出了GTD（Getting Things Done）时间管理法，到今天全世界大约有数百万人使用过。

建立秩序的第一个明显效果是，人们在这样的空间中会感到放松、愉快。这会缓解紧张的精神，让大脑得到休息，降低焦虑的可能性。

而且由于家庭气氛比较缓和，家庭成员之间的沟通也会比较容易，争吵自然大大减少。

建立秩序的第二个明显效果是你可以迅速找到需要的东西，无论在家里还是办公室，秩序都会让你成为一个高效的人。而且，由于你能迅速想起物品放在哪里，你花在寻找、放置物品上的精力就会比较少。做到这一点的关键在于一句话，它原本适用于另一个领域，但我借用过来表述秩序化方法的特点：不要让我思考。

如果我们几乎不需要思考就能把家里的物品放回原位，相当于我们半自动地完成了这件事，那么家里就会像施了魔法一样保持整洁。

最后，这让我们产生了一切尽在掌握中的感觉，而这种控制感会让我们更加自信，这是通过其他手段难以达到的结果。秩序让我们重树信心，并帮助我们战胜了在其他情况下难以应付的挑战。

回想一下，那些经历挫折、低谷的人，他们所处的环境一般来说是不是比较混乱呢？

秩序就像一个杠杆，可以帮你撬动压力，渡过难关。但你需要看到周围的秩序，才能让它进入你的内心。

而说到秩序在饮食和菜单方面的作用，举个简单的例子，一个物品摆放有序的食品柜有助于你更好地监控过期食品，让你清楚自己拥有哪些物品并在过期前使用它们。这不仅可以省钱，还有助于你控制饮食。而菜单可以让你清楚每天吃什么，计划好怎样消费。想想看，你这周是不是吃了三次同样的没有创意的饭菜，或者上个月吃了太多快餐？

如果你事先做好了计划，并按照计划购买了物品，那么最方便的生活方式就是按照计划来执行。道理很简单，你不用想太多，因为有一张纸会告诉你要吃什么，并且冰箱里已经准备好了一切必要的东西。

综上所述，拥有秩序意识并建立良好秩序后，你将会生活得更加轻松，可以毫不费力地找到你需要的物品，大大减少和家人的争吵，增强自信，节省消费，并且还能控制饮食，不会浪费食物。这听起来很不错，不是吗？

第三节 干扰秩序的其他原因

前面讲过混乱是怎样产生的，但有时并不是混乱本身的问题，而是其他原因干扰了秩序。什么原因呢？可能每个人都有自己的答案，我在这里尝试对这些原因进行分类，这样你就知道是怎么回事了。

①情感依赖问题，通常与遗物或类似物品有关。

比较典型的情况是，家人之间存在强烈的情感依赖关系（比如父母与子女之间），当有人逝去时，抛弃亲人的物品在有些人看来是一种背叛，还有人会把这些物品当作精神寄托。你可能认为保存一件衣服或几件纪念品没什么大不了，不会带来多少麻烦，但若是几乎照搬了整个房间，甚至连一块布都不舍得扔的话，事情就不那么美妙了。

②共同生活引起的秩序问题。

每个人的家都不完全相同，比如每个家庭放置杂志、书籍和文件的地方都不一样。这些物品怎样放置（即秩序），对一群共同生活的人来说可能大致相同，但事实是，这种秩序是非常个性化的东西，即使一家人也很少重合，这就可能会导致不同的人把相同的东西放在不同的地方。

一个人的秩序显而易见，比如把某件东西放在玄关抽屉里，但这种秩序对另一个人来说却未必会起作用，因为他的大脑里没有这种意识。此外还有其他类似的情况，相信你自己也能想到很多。

对此，解决方法是建立一个统一的秩序，比如把所有信件摆在桌面上，然后告诉所有家人这些信件统一安放的地方。根据我的经验，如果其他家人没在场的情况下，你把物品重新放置，然后向其他人宣布你的秩序，其实是没有意义的。比较典型的说法是："我把这些东西放到某个箱子里了，原来箱子里的东西搬到某个抽屉里了。"听到这些，对方可能会愣住，然后默默地点点头。等过几天，你就会发现所谓新建立的秩序并没有起到作用，房间里又乱了起来。

为了让秩序发挥作用，必须要让所有人都照办（在办公室也一样）。建立秩序的方法是大家协商一致，制定统一的规则，然后一起遵守。在这个过程中，协商很重要，某个人的"拍板决定"是行不通的。因为即使对方肯让步，有时也只是表面上的，其实内心并不同意。如果你想维持家里的秩序，就必须确保所有人对新秩序都感到满意。只有在每个人都同意的情况下，秩序才能持久，否则就像堤岸决口，大水会把秩序冲得无影无踪。

③情绪失调问题，包括抑郁症、焦虑症或精神障碍等引起的疾病。

生活是复杂的，有很多坎坷，你必须坚强起来，才能解决每一个问题，克服每一个困难。几乎所有人都会经历一段低谷时期，觉得世界正在碾压自己。有些人能够通过自己的努力取得成功，有些人能够得到朋友和家人的帮助，有些人则会留在一个中间地带，不会触底，也无法完全恢复原来的状态，还有些人需要医疗帮助。

在这种情况下，一个人的生活环境很可能反映其情绪状态。我们的内心情绪会反映在外部，而外部世界也会逐渐改变我们的内心。

如果是在抑郁、沮丧的处境中，你可以重新布置房间，尤其要调整情绪，才能让自己每天更好地生活。就像水滴石穿一样，慢慢发挥环境的作用。

被复杂情绪困扰的人，大脑的紧张运行会让他们淹没在烦恼中，使他们处在疯狂的状态，从而导致疲劳甚至精神障碍。

此时，若能重新安排他们所处的环境，维持好秩序的话，那么就能在他们的生活道路上搬开一块沉重的石头；若能使他们的居处成为一个真正的心灵家园，一个充满和平与宁静的地方，那么他们恢复状态的速度将大大提高。

④强迫性积累问题。

有很多原因会导致出现这种问题，比如压力过大、缺乏自信、患有强迫症等。

此外，还有一种可能：不是因为购买新物品，而是因为舍不得扔掉没用的旧物。我见过有些退休的人还保存着自己15岁时穿的衣服，或者房间里满是电线、布料或几乎不使用的文具。

后一种问题很难处理，甚至比情感障碍更难处理。因为这类人往往有着很强的个性，他们坚信自己所做的才是正确的。

第四节 别人家的房子为何总是完美的

这是一个非常普遍的现象，但如果你仔细想一想，这并不符合逻辑。

你觉得别人家的房子即使不完美，也总是很整洁的。然而，你想一想，你几乎从不突然出现在那里，每次都会有人招待你。主人通常会努力让家里看起来一切都很好，至少在大多数情况下是这样。

这意味着，很多时候你的判断依据是扭曲的事实。你把自己家里最糟糕的样子和别人家比较好甚至最好的样子相比，当然总是会输的。

但是你的情绪受到了影响，这种扭曲的比较结果让你认为自己做得不够好，觉得自己家里是个烂摊子，或者更糟，这令你很不安。

要解决这个问题，我建议你从两方面入手：一方面，你要专注于自己，专注于你的家和你的世界；另一方面，你要明白邻居家里发生的一切都是他们的事情，他们和所有人一样，有自己的优点和问题，你不会从邻居家里找到你的幸福，也不会在那里得到内心的平静。

你可以把注意力转移到生活的其他方面，比如你可以专注于自己家里和周边的环境，可以专注于自己的衣着、经济或者情感状况。不去关注别人拥有什么，这是消除沮丧、嫉妒和不快乐的完美处方。

第五节 断舍离，释放压力的艺术

断舍离的出现或许是时势使然，事实上，在我最需要的时候，断舍离的观念从遥远的东方来到了我的生活中。

起初有一段怀疑时期，在扔掉一些东西并感觉这样做会带来好处之后，我仍有一种负罪感，因为感觉自己扔掉了还有价值的东西。

断舍离是一种基于日本古代文化的生活技巧，几年前由山下英子发明。它集合了以下字符的意思：断，拒绝不必要的东西；舍，摆脱你所拥有的无用的东西；离，远离物质诱惑，放弃对物品的执着。

断舍离鼓励我们过一种更简单的生活，寻求内心的宁静和人生的真谛。为了做到这一点，这种观念促使我们把家中不必要的东西和我们不想重温的记忆都抛弃掉了。

山下英子的理论是（包括我的也是），通过对我们周围环境的外部改变，让我们感受到更深层次的内在变化。这有助于我们实现平衡，得到最需要的精神安宁和稳定的情绪。

秩序化方法也是如此，我们可以通过环境中的秩序了解自己，因为我们周围的空间或多或少就是我们自身状况的真实反映。

第四章

秩序和你

第一节 你想让自己的家充当什么角色？

你可能从来没有问过自己本节标题的这个问题，这是可以理解的：家就是家，我要在家里生活，不是吗？

事实上这个问题有其奥秘所在。如果有一定的人生阅历，你就会知道，一个简单问题的背后往往隐藏着复杂的答案，这次也不例外。

有些人的家只是用来睡觉的，没有其他要求，有些人则喜欢每天晚上在家里做饭，还有些人认为家是他们最大的财富。世界上没有两个完全一样的人，因此这个问题也没有两个完全一样的答案。

想让你的家成为一个什么样的空间，想在里面得到什么样的收获，就必须在家里建立你自己的秩序，确定你的界限与分工，明确你的需要。

很多时候，知道自己到底想要什么并不容易，即使这听起来匪夷所思。事实上，我敢说这可能是最难以回答的问题之一，相对来说更容易的是知道自己不想要什么，在这方面我倒可以帮助你。

我遇到过许多相关案例，根据这些案例，我将"家不应该成为什么"分为 3 类，下面将具体讲解。

第二节　不要把家当成仓库

家不应该是仓库，但在生活中，这却是非常容易出现的情况。我举几个例子，相信你会比较熟悉。

①很像储藏室的房间：你在某个房间储藏了很多收纳盒和不用的物品，甚至还有坏了的电脑。

②看起来像是档案室而不是工作场所的书房：你的抽屉里堆满了多年前的各种单据；书架上放着各种各样的书；书房中可能还有一张桌子，上面堆满了垃圾，根本看不到桌面，你可能不止一次想要清理它了。

③准备用于帮你度过灾难时期的储物柜：你的储物柜、冷冻柜中堆满了成排的罐头和其他要经过好几年才会过期的食品，仿佛是为了度过某种灾难时期而准备的。

上面所说的情况也许有些极端，但不要自欺欺人，你家中的情况大概也没好到哪里去，可能同样的事情正在发生。这就是家向仓库转变的开端。

我们大可不必把家当作特蕾莎修女（一位著名的慈善工作者）的收容所一样来者不拒，而是根据需要确定合理的物品储存数量。如果你一个月吃不了两罐鹰嘴豆（一种豆类食品，在印度、巴基斯坦和欧洲食用较为普遍），为什么要买 5 罐呢？如果你只需要保留过去 5 年的单据，那何必保留 12 年的单据呢？

很多时候，这样做是出于某种没有存货就会担忧的心情、习惯性行为或者单纯的以防万一，为了这些很少发生的情况而做了充足的准备。当然，还有很多时候，这只是一个简单的积累遗留问题。

无论如何，家都不应该是仓库，这种事情最好永远都不要发生。正如前面所说，积累会带来很多问题，是家庭和谐与内心宁静的头号敌人，无论积累的是衣服、报纸还是食品。

不要把家当成图书馆

我很遗憾这么说，因为我知道这是很多人的梦想，包括我老公。但现实就是这样"残酷"，击碎了这个美好的梦想：家不应该是一个图书馆，哪怕一个小型图书馆。

在生活中，我们积累了很多书，虽然久在书架上的它们仍然很珍贵，但大多数人不会把一本书重复读很多遍。事实上，有一些书你确有仔细阅读的需要，因此我建议你保留那些重要书籍，可以不时翻阅，从中获得一些启发，这样很好。

还有一种情况，你把书都摆放在书架上，不是因为它们看起来有多好看，而是因为你不知道该怎么处理它们，或者不想扔掉它们。

如果你是一个热爱知识的人，那么你可以做得最好的事情就是分享。你可以把看过的书捐给图书馆或收集旧书的组织，或者把它们卖给旧书店，他们会把书以合适的价格重新投放市场。

如果你还在犹豫，那就把送书当成一种习惯，把一些促使你旅行和学习的精彩故事传递给其他人，比如没有钱买这些书的人。送给他们一个梦想，并不是件小事。

现在，你家的书架上只有它应该有的东西，而没有一张多余的纸、一本多余的书，剩下的是一片留白、一片美丽的空间。如果管理得当，将带给你平和、宁静与放松。

想要快速测试一下效果吗？你可以打开互联网，搜索禅宗寺院或者宽敞的大型建筑的室内图片。看着这些图片，你有什么感觉？有留白的空间看着比较舒服，这正是我们所寻求的，当然是在更贴近日常生活的层面上。

不过我不会要求你把自家卧室变成一个巨大的空房间，中间只留一个枕头，虽然这样似乎很有启发性。我只是想让你在家中制造一些小的留白空间，比如某处的搁板上除了放一株仙人掌或一件旅行纪念品，剩下的部分便可以空着。

留白不仅会让空间显得更加宽敞，还会创造一份宁静，使空间更加特别而有意义。把这种感觉扩展到房间的角落里去，你的视线就会十分清晰，房间里不再是目之所及，满眼杂乱无章。做到这一点的关键是，你要把留白的高度设置在肚脐与头部之间，并让其占据视线最远处的底部与顶部的区域。关于这一部分，后文还会深入讲解。

第四节 不要把家当成玩具屋

　　我知道，把家建成玩具屋是非常诱人的想法。和每代人一样，我们都希望自己的孩子拥有我们所没有的，让他们在丰富的物质生活和幸福的海洋中快乐成长。这是我们保护他们的方式，让他们明白我们是多么关心他们。我对此十分了解，因为我有个女儿。

　　然而，孩子们对那些复杂玩具的兴趣不大，他们喜欢的东西往往只是木棍、石头、贝壳、纸张和布料等材料而已。他们会凭借想象力把这些变成他们想要的东西：硬币、外星人、骑自行车的人……

　　我认为家长是想在孩子身上实现自己的愿望，而这种生活却未必是孩子想要的。这就是为什么我们会主动给孩子买一个神奇的玩具，而其实他根本没找我们要过。我们还想让孩子的生活超出他们的年龄，这很可能是由贪婪驱使的，因为我们希望他们尽快成长起来。因此，我们的孩子在学会平稳走路之前就拥有了自行车。久而久之，我们得到的结果就是家里成了一个巨大的玩具屋，却发现孩子把所有玩具都扔在地板上，什么都不玩。

　　他们有太多不知道该怎么处理的东西了。

　　一如既往，我要举个例子来说明问题。如果你还记得自己孩子或者其他亲戚朋友的孩子近几年过生日的情景，你就会发现，孩子在聚会上收到大量礼物，然而唯一令他兴奋的就是把礼物一个接一个地打开，却几乎不去注意那些礼物具体是什么。

通常的情况是，几分钟内，所有礼物都堆在一张桌子上，被孩子遗弃在那里，而孩子却和朋友、家人一起玩耍。如果你问他："你喜欢这些礼物吗？"他可能会有点儿尴尬："我没有注意。"听起来是不是有点难过？你送给他的礼物他却不在意。随着时间慢慢过去，事情并没有好转，反而变得更糟，你按自己想法送给孩子的礼物很多时候不能得到他的喜欢。

再从另一个角度想想，如果孩子童年的生活就是这个样子，玩具多到能撑破房间，令他养成无节制的消费习惯，那么你希望孩子长大后怎样呢？

第五章

秩序和空间

第一节　追求空间和谐

　　家居生态理论是西方比较著名的探索空间和谐的理论，但它并不是唯一的，诸如印度堪舆、日本侘寂或中国道家无为学说等不同流派，都试图将生活哲学与空间秩序结合起来。

　　然而，所有流派都基于同样的原则：努力以一种更简单的方式生活，而不是积累对生活毫无助益的物品，并按照同样的逻辑来安排其他物品。

　　我在这里不会详细讨论对不同房间怎样安排的建议，因为这可以写一整本书，这里介绍一些重点。

　　家居生态理论一个重要观念就是，如果你想让家里富足、事业繁荣，就要让空间合理有序，适宜人居，形成积极的氛围。这要怎么做呢？让我们摆脱那些对生活已经没有意义的东西，对它们做到"毫不留情"。

　　另一个重要观念，也是我们现在关注的重点问题是，空气必须不受阻碍地在房间中自然流通。这意味着我们必须让整个房间有空置和自由的空间。

　　对此，通常有一个建议，即清空所有房间的中心，不要在那里摆放家具或装饰物，最好什么都不放，以便人们在房间里畅通无阻，不会在行走中被中间的桌子磕到膝盖，也不会被装饰性花瓶绊倒。

为了让空气自由流动，我经常考虑的另一个办法是尽可能使用高度在胸部以下的家具，最好在肚脐以下。这使得我们的水平视线（即眼睛所见的自然高度的视线）可以摆脱家具。这种视觉上的真空传达了一种精神安宁、清爽的感觉。

看看中国、日本或韩国的传统装饰家具，你会发现很多比较低矮，这可能也是为了保持视线的留白。这正是禅宗装饰的秘密。

当然，这并非总能行得通。我们都有两米或更高的书架、很高的橱柜及其他类似家具。是否有办法让它们不阻挡房间里的光线呢？

有很多技巧。最常用的方法是，把橱柜嵌入墙内，使之成为墙的一部分。这是一个非常好的想法，可以让我们的空间兼具强大的储物功能与清爽的视觉效果。

至于书架，使其不阻碍视线的诀窍在于让与胸部等高的位置多少有些留白。想象一下，你有一个6层书架，下面2层可以装满东西，这没有问题，因为我们的眼睛很少看向地面。

从下面开始往上数的第三层和第五层，最好不要有太多元素和颜色。要做到这样，你可以在上面放3个大的白色收纳盒，用来存放纸张或一些书籍（部分或全部颜色要相同）。在这两层要尽量避免放置书籍或任何颜色无法统一的物品。

夹在中间的第四层，大约正好在胸口的位置。一般我会让这一层空置，最多放一个收纳盒或几件装饰品。事实上，不管你在这层放什么都要非常小心。完全空置很难，无论是谁都会有想要填充那里的想法，所以最好放一两个物品来填充一下空间。其实这里可以成为一个理想的地方，放一个可以给你带来特别回忆的物品，比如某次难忘旅途中的纪念品。这样的话，我敢肯定你一天中会有好几次把目光集中在这个物品上，而它会带给你快乐与轻松的回忆，你的脸上浮现出微笑，然后高兴地继续日常生活。

最后，书架的顶层也应该清理干净，不要让其看起来像个储藏空间。我们可以把一些小的收纳盒放在上面，或者放一些装饰品。如果它们是透明材质，可以让光线穿过的话更好，因为这类物品可以弱化在我们视线中的存在感。

如果你想快速试验一下效果，可以进行测试：选择任意一个书架，清空顶部，在上面放一个至少30厘米高的黑色盒子，然后在房间里走动，体会它带给你的感觉。你会发现，你几乎总能用眼角的余光看到它，这可以称为装置效应。

装置效应是一个物体由于吸引过多注意力而产生的效果，它的外观通常看起来比较笨重，容易让人感觉厌烦。

现在把黑色盒子从试验书架的顶部移走，放一个空的玻璃瓶，进行重复测试——你走过房间，体会那个玻璃瓶带给你的感觉。怎么样，你注意到它了吗？恐怕你很难注意到那个玻璃瓶，这就是为什么特定位置放置的物体，其形状、体积和颜色如此重要，因为它们会对人的视觉产生相应的影响。

在一个空间中简单地放置东西是不行的，因为这会给我们一种房间被装满的错觉，即使实际上放的东西并不多，我们也依然感觉不舒服。当然，还有很多经验可以从家居生态理论中学到，但无疑这是最重要的一课，即留白的力量。

第二节　应用于秩序的色彩理论

很多学科都有关于色彩的理论研究，如装饰、摄影或几乎所有设计相关的分支学科，可以说从图形到工业，色彩理论遍布很多领域。另一方面，色彩也被研究了很长时间，从亚里士多德、牛顿一直到歌德等，许多杰出的科学家、思想家在漫长岁月中已然让色彩研究成型。所以相信我，色彩绝对不是一件可以忽视的事情。

色彩影响着我们日常生活的方方面面，它的影响甚至超出你的想象。现在心理学甚至有一个分支，称为色彩心理学，根据人类接触的色彩来研究人的反应，以歌德的早期研究为基础。

这就是为什么我们必须关注我们的空间所使用的色彩。相关理论还提供了一系列指南，明确规定应该根据房间的用途、方位和其他变化来使用不同色调。这里我们不具体谈这个问题。这些指南往往受某种审美品位的影响，但这种审美可能并不符合所有人的习惯。因此，我会向你阐释一些基本的色彩理论，让你学会如何根据自己的喜好选择色彩。

第三节 色彩明度

面对不同的色彩明度，人会有不同的反应。明度高的色彩能够传递给你兴奋与能量，因此非常适用于工作环境，但对于寻求放松和休息的家庭环境来说就不一定恰当了。

相比之下，使用柔和的中性色调，例如北欧风装饰中常用的色调，可以给人以平和、宁静的感觉。我一般这样形容北欧风格：在寒冷的冬天，你坐在舒适的座位上，膝盖上盖一张可爱的毛毯，手里捧一杯热茶，看向窗外美丽的风景。

空间的色彩、装饰和组织都会影响我们的感觉。当你为家装选色时，不应该只注重这个颜色你是否喜欢。当然，这是一个基本条件，但你必须意识到，色彩会让人产生相应的感觉，而那种感觉也许并不是你想要的。

比如，众所周知，在墙壁或天花板上使用深色会使空间在视觉上缩小，而使用浅色则会使空间显得更大。因此，如果我们有一个大房间，希望它显得比较温馨，可以选用如橙色一般明度的温暖主色；相反，如果我们有一个小房间的话，使用白色将会令它看起来更大。

色彩的正确应用是秩序化方法的一部分。秩序不是目的，而是手段，帮你过上更加美好、平静生活的手段，而家中的色彩与此有着莫大的关系。

色调和谐

　　根据定义，和谐是一个整体中不同要素之间相互平衡、比例适当的对应关系。应用到家居中，就是空间中不同颜色之间的平衡及比例的适当匹配。

　　色调和谐基于两个基本原则：一是色彩范围有一定限制，不要让空间变成马戏团那样花里胡哨；二是所选择的色彩要彼此协调。

　　为了正确限制色彩种类，我们可以遵循"60-30-10 规则"，它的意思是，空间的所有元素最多使用 3 种色调：主要色彩占 60%，次要色彩占 30%，用于细节的色彩占 10%。

　　一个空间里只能有 3 种色彩吗？那么一个书架上有几十本不同装帧的书，该怎么办呢？还有我们收藏的不同形状和颜色的画框要怎么处理？对第一种情况，较好的处理方法就是使用有柜门的书架，这在图书馆里非常常见；第二种情况则是你要永远尽量避免出现的。

　　此外，色彩可分为暖色、冷色与中性色 3 类。

　　暖色有红色、橙色、栗色及天然木材的颜色，等等；冷色主要有蓝色、紫色和绿色等；而中性的色彩有灰色、白色等。

就个人而言，我总是倾向于使用暖色或中性色，尽管这在很大程度上取决于气候或地理环境。在比较炎热或邻近海洋的地区，人们倾向于使用冷色；而在寒冷地区，人们更倾向于使用暖色。这绝非偶然。

再回到"60-30-10 规则"，如果你想要的是秩序感和清洁感，我建议最好使用中性色作为主色调（占空间颜色的 60%），特别是白色。它是最能反射光线的颜色，会使空间更加明亮，给人带来更多快乐与宁静的感觉。而在宁静中，白色也会传达力量与活力。

接下来的 30%，我会选择天然浅木色与未经加工的实木色相结合。这两种颜色会把空间与大自然联系在一起，保留一种天然、原野的感觉，能唤醒我们的本能，帮助我们放松下来。

做一个测试：闭上眼睛，想象一片森林、一间木屋甚至一个锯木厂给你的感觉，再回想一间你印象比较深刻的房间给你的感觉，也许这样的房间不多，但它给你的感觉会非常强烈。比如，我深深记得一个朋友的房间使用了海洋蓝色和橙色。

下次你设计家里的装饰时，不要一上来就考虑色彩，要先想想自己想要房间传达怎样的感觉，再进行配色。

第六章

秩序和时间

时间也有序

　　说到秩序，不可避免地要谈及时间，因为两者密切相关。一个井然有序、组织良好的家会让我们节省更多时间，没有秩序的话就会比较麻烦了。

　　或许你还没有意识到，时间可以被安排得很好。事实上，有许多整理师专门从事时间管理，他们的方法可以让我们最大限度地利用每天的 24 小时。

　　在你梦想掌握时间之前，需要了解一些关于它的重要概念。首先，时间只有在测量后才可以排序，因此，测量完成某些事情所需的时间将有助于你把这些事项按照合理的顺序安排，以便更好地利用时间。比如，你可以利用午餐的 15 分钟来进行通过互联网便可完成的工作。

　　其次，我们必须了解的一点是，任务的排序会影响完成它们所需的时间。比如，你把衣服从晾衣架上取下来叠好，再把它们收起来，总共的时间比你分开做这两件事要短，因为你的头脑专注于整个流程。

　　如果你只是把洗好的衣服收起来，也最好把它们放在合适的位置。比如，面对一堆你和老公还有孩子的衣服，理想的方法是把它们分类放置：老公的 T 恤和裤子放一起，孩子的袜子和 T 恤放一起，你自己的衣服放一起，等等。这样，把衣服收进衣柜时，你就可以把叠过的衣服按组收纳，很快就可以把它们收好。

相反地，如果你把衣服从晾衣架上取下来后堆在一边，然后去做别的事情，第二天再回来把它们收起来，你可能都不记得这些衣服是否洗过。另外，如果你不及时把衣服叠起来的话，那么要熨的衣服会更多，因为它们堆久了会起褶皱。

最后，我们要了解的关于时间的概念是"时间是相对的"。我们在学校里就学过这句话，几乎每个人都知道，但很少有人真正理解。

下面我用一个例子来证实它。想象一下，你坐在沙发上，屏蔽所有声音，包括音乐，拿起手表，观察它60秒。嘀嗒，嘀嗒，时间过得很慢，对吧？但是，当你上班迟到或者浏览网页时，你对1分钟有什么感觉呢？

由此可见时间是相对的，因此你必须了解日常生活中分心对你的影响。如果你想掌握时间，就必须知道什么让它变快，什么让它变慢。

一旦掌握了时间的长短，你就必须计划好做每件事所需要的时间，比如早上出门真正要花多久。你以为15分钟就能准备好，但事实是每天大约迟到8分钟，所以你其实需要23分钟才能出门，而不是你自以为的15分钟。很多细节会让你更加匆忙，比如赶上高峰时间的堵塞，紧张的时间会让你一早晨都很愤怒。

另外，如果你喜欢使用手机和网络，就相当于进入一个时间飞快流逝的黑洞。如果你想在5分钟内打扫卫生间，或在10分钟内打扫客厅，你就应该努力远离手机。如果你一边除尘一边盯着手机APP看，那么这项任务可能要花费你1小时而不是10分钟，你会觉得仿佛整天都在打扫卫生，没有时间做其他事情。

有了这些数据，你就可以从务实和自觉的角度出发，为自己的时间排序。认识你自己，最重要的是，永远不要自欺欺人。

膳食计划

　　享用早餐、午餐和晚餐，是我们每天都要重复的耗时活动，甚至我们都没有意识到每天花在吃饭上的时间有多少。下面让我们罗列一些数字。

　　一天有 24 小时，其中 8 小时用于工作，8 小时用于睡觉（运气好的话），至少 1 小时用于路途，然后，我们还有 7 小时的空闲时间。在这 7 小时内，你不仅要用一些时间吃饭，还要花时间思考做什么，以及买菜、烹饪等问题，这些都与食物有关。我计算过，所有这些活动加起来，可能平均每天要花费 3 小时。当然，它取决于你是每月只购物一次还是每天买菜，是吃新做的饭菜还是把剩饭热一热再吃，是食用快餐还是更复杂的菜肴，等等。

　　也就是说，你把大约一半的空闲时间花在吃饭或与食物有关的活动上。剩下的时间，每天 4 小时左右，才是你看电视、做一些户外活动、打扫卫生、逛街购物等活动的时间。不多，对吧？如果你没有孩子的话。如果你有孩子，这 4 小时时间还要安排其他事项。

　　幸运的是，你总算还有一点真正属于自己的空闲时间。但可能你什么也不想做，只想躺在沙发上。你觉得非常累，思考自己为什么总是这么疲惫，连做点儿别的事情的时间都没有。

　　因此，你现在是不是在想能否减少花在其他事情上的时间，比如吃饭？

然而，吃饭的时间很难减少。因为进食是身体的基本需要，所以我不能建议你停止进食，这根本不切实际。但我可以告诉你的是，在管理与食物相关活动的时间上，还是有很大改进余地的。

在日常生活中，规划一些例行程序，比如计划一份菜单或购物清单，将使你每天节省大量时间。相信我，这些小的行动和改变可能带来很大的不同，因为它带来的改进是指数式增长的。比如，如果每餐能节省 10 分钟的话，一天就能节省 30 分钟，积累起来，每周节省超过 3 小时、每月节省超过 14 小时，这将给我们带来更多休闲时间。

此外，还要考虑一些附加影响，比如每月的菜单规划。所有在家做过饭的人都知道，最糟糕的问题就是不知道每天要做什么，若能避免这个问题，就可以免去不少麻烦。而且，一个良好的饮食计划，会让整个家庭都吃得更好、更多样化。

购物清单还有一个好处是让你避免购买超量物品，从而节省成本。因为当你制定每月购物清单时，就能知道家中各类物品需要补充多少。

为什么是每月而不是每周？很简单，为了节省时间。我向你保证，准备一周的菜单与准备一个月的菜单所花的时间差不多。也许第一次制定菜单时你感觉不到，但一旦你做了三四个月，就可以恢复上个月的计划并心情平静地重复下去。也就是说，制定菜单这项工作一旦完成，很容易重复利用。因此，你做每月饭菜计划的次数越多，以后花在这方面的时间就越少。

季节变化

要想每个季节都过得愉快，就必须让房间适应我们生活和环境的变化。

虽然是一年四季，但就次序而言，只有两个重大变化：4 至 5 月间的春季变化和10月底左右的秋季变化。我们必须利用这段时间彻底清扫家里卫生，或进行更多改变。

在春季大扫除期间，我们准备迎接炎热夏季的到来，收起房间中的冬季纺织品，比如毯子、被子等，并更换衣柜中放置的衣服，以适应新的温度。显然，确切的时间在很大程度上取决于你居住的地区，比如安达卢西亚和爱尔兰的 4 月气候就很不同。

此时此刻，你必须清除"负能量"，对房子进行彻底打扫，包括家具内侧、床下甚至沙发下面，你会发现各种家具的下面在冬季形成了别有一番观感的世界。

你可以借此机会丢掉所有不喜欢的东西、有磨损的东西以及不准备下一个冬天继续使用的东西，或者你根本不记得为什么要购买的东西。

如果你有足够的储藏空间，我建议你把窗帘换成能让阳光照射进来的纱帘，购买一些时令鲜花，让它们在屋中散发自然新鲜的香气。

完成这些工作后，你可以给自己一点奖励。比如，如果你喜欢烹饪，可以给自己安排一个私人派对，准备些自己喜欢的东西，做出一份菜单，享受一个星空下惬意的露台之夜。如果你不想做饭，那就出去好好享受一下吧。

为什么要这样做呢？因为我不想你把打扫卫生的那天当成没人喜欢的繁忙工作日。我希望你用这种方式把那天标记为让家焕然一新的一天，一个让你忘记糟糕经历、重新焕发活力的清洁日。对于你和你的家庭来说，这意味着一个新的开始，值得用一些奖励来激励你。

生活往往会像我们希望的那样展开，因为我们有惊人的力量来改变它。因此，要让生活充满灿烂的阳光，请你把原本令人窒息的清洁日变成一个特殊的家庭节日，并用微笑来面对它。能做到这一点的话，你甚至会用倒计时来计算还有多久才到那一天。

对于秋季清洁，我们必须重复和春季清洁同样的操作，但操作的方向却是相反的。这似乎有些令人感伤，因为我们将要告别漫长的夏日、热闹的海滩和炽热的阳光。其实不必如此，因为冬天既神奇又浪漫，充满了独特的可爱之处，我们将迎来温暖的毯子、热巧克力或者刚烤好的新鲜面包、蛋糕等。

最后，你要专注于享受美好时刻，忽略一切不好的事物，绕过不喜欢的东西，或者赋予它新的意义。我们有惊人的能力来做到这一点，有很多事情可以改变。常见的问题是，我们每天都错误地将注意力集中在日常生活的琐事上，因而被愤怒和懒惰的不良情绪吞噬。换个想法，做好季节性的清洁，给自己一次更新的机会。

美好一天的关键：一早一晚

很多人的工作日就像执行一个例行程序，这种程序使他总是采取同样的行动，这就是为什么人们常常以同样的方式结束那一天。然而，很少有人意识到，不必付出太大的努力就可以改变这种状态。根据经验，我认为这是因为大多数人甚至没有思考过改变这件事。

我对改变很有信心，经常鼓励自己和他人对旧生活做一些清理或重新安排。每个新开端都是一次新的机会，可以让事情变得更美好，让我们对自己和所处环境感到满意，并使生活更加平静、快乐。

我认为每一天都是一个新的开始。没有人知道 1 小时或 6 小时后会发生什么，哪怕 1 分钟之内，生活都有可能发生变化。因此无论好坏，我坚定认为每一天都可以改善。我有一个诀窍，人的大脑并不会为了一个好的目的而工作，你必须推它一把。也就是说，你要用行动代替思考，用行动实现畅想中美好的一切。

因此，每一天的开始和结束都很重要，一个良好的开始能给一天开个好头，而一个良好的结束又可以为第二天的开始打下基础。

第五节　早上的美好，从昨晚开始

如果你想拥有美好的一天，一个不好的前夜绝不是你的选项。如果早上你带着不满出门，比如因为想穿的衬衫皱了，或者因为没有时间洗澡而生气，你会以消极的态度开始别扭的一天。

因此，重要的是努力"呵护"我们的早晨。影视剧里的主角们可以在早晨出去散步、洗澡，然后悠闲地吃早餐，看到这里的时候我们很可能会发出叹息，然后想这样一个问题："他们几点上班？12点吗？"我们大多数人没有这样的特权，所以我不能让你晚些时候上班，但可以提供一些小诀窍，帮你更好地开启每一天。

第一个秘诀：也许我说的会令你感到惊讶，为了拥有一个美好的早晨，你不必过于专注早晨本身。很有趣吧？事实上早晨的关键是前一天的晚上。

我的建议是每天晚上做一次15～20分钟的例行工作，时间可以更短，这取决于你的状态，看你是独自生活还是有孩子。我向你保证，这是一天中非常重要的时刻。

你要做的第一件事就是把扔在屋子里的所有东西都收起来，比如鞋子、工作服或孩子们的玩具。如果你还没有养成随时把物品收好的习惯，那么这是你的第二次机会。在你睡觉之前，确保所有物品都放回正确的位置。

同样的情况也适用于做完晚餐的厨房。你只要清洗盘子、收起台面上留下的东西即可，而不必追求特别干净。现在，过得去的清洁就是我们的目标。

之后，我希望当你环顾四周时，不要看到一大堆未完成的工作，比如屋子里到处是杂物和污垢。想想你起床时的情形，如果家里的环境是完美的，你感觉怎样？如果眼前是一个烂摊子，你又会有怎样的感觉？你会觉得那简直是场灾难。在什么都没做的时候，这一天在你脑海中已经开始扭曲了。

第二个秘诀：你要把第二天所需的一切都准备好。我指的不仅仅是衣服，还包括孩子的书包，你自己的手包、钱包或其他不能忘记的东西。晚上，在力所能及的范围内，我们可以不用那么匆忙，从容地做好这些事情。如果在早晨再做这些准备就已经晚了，很可能会忘记一些事情。

如果你是像我一样喜欢使用计划表和记事本的人，我建议你看看第二天有什么事情，也许你不记得有个会议要开，有些事可能需要你更换衣服或准备一些特别的东西。如果你没有这样的习惯，那还等什么呢，抓紧记录吧。无论是使用莫斯金（Moleskene，流行于欧洲的一种笔记本），还是像谷歌基普（Google Keep）、印象笔记（Evernote）那样的应用程序，抑或某个独特的日程表，重要的是养成使用它们的习惯。因为当你养成记录日程安排和做笔记的习惯时，你的大脑会得到休息。相反地，如果不做记录，大脑就必须不断地记住一切。我敢肯定，你在工作或在街上散步时会想起来很多事情，不断提醒自己"我不能忘记"。这是一个巨大的心理包袱，而且它的存在相当荒谬，只因你不肯记录你应该记住哪些事情。

回到我们晚上的例行工作上，我们只需再迈出一步，第二天就可以尽快准备好早餐了。那就是清理好桌子，摆上早餐中不需要放在冰箱里的物品。

每天例行工作的黄金法则是"避免思考"。你必须让一切工作自动运转，这样头脑才能一点点地清醒过来。最好在前一晚就准备好一切需要的东西，这样你就可以放下心来，因为一切都在掌握之中。你可以从容应对，赢得更多时间，享受这个早晨，比如吃个安宁的早餐。

第六节　上午 10 点的例行工作

上一节讲的是在前一晚做好例行工作的基本要点。要拥有美好的一天，你还可以做更多事情来锦上添花，改善早晨的状态和睡眠休息。

首先，忘记手机。正如你已经无数次从各处看到的那样，手机是生产力的头号敌人。它就像一个黑洞，以惊人的速度吞噬我们的时间，让我们在各种信息、社交和通知当中不知不觉地浪费生命。如果你能切断与手机的联系，那当然很好，但也不是绝对的。因为一般来说，我们早晨的时间有限，你可以试着在起床后忘记手机，不过必须在离开家之前看一眼它，因为可能你用手机设置了一些需要提醒的事情。

其次，把沐浴从早上改到晚上。在早晨洗澡是一个好主意，可以开始清爽的一天，除去困倦与汗水，特别是在炎热的夏天，睡了一晚之后有可能会出不少汗。不过，在晚上上床睡觉之前做这项工作也不赖。通过洗澡，我们可以调节体温，放松心情，使休息更加有效。

举个例子，对于我来说，比起淋浴，我更喜欢在浴缸里泡澡。我喜欢在女儿睡着后，在浴缸里独自享受一段安静时光，不紧不慢地用浴盐做一次小小的美容。没办法，我只能在这时候来完成这件事，别的时候太忙了。这样的泡澡能消除我身体的压力，帮助我更早更好地入睡，并且节省很多早晨的时间。

最后，关于家庭秩序，我建议你吃完早餐后把餐桌打扫干净，整理好床铺，如果可以的话，让扫地机器人在你工作的时候打扫房子。和之前一样，我会将这些建议"可视化"，以展示之所以建议你这样做的原因。

想象一下，疲惫的一天，你已经出门很久了，回来时很累，你打开家门，想着就这样把自己扔在沙发上。等等！你走进门，一眼看到早餐的残骸还堆在餐桌上，屋里到处是杂物，床上也没有收拾干净，说不定地板上还有一些织物的绒毛在愉快地"散步"。这时，大概你想做的第一件事就是转过身去找第一个接通你电话的朋友喝一杯。

相反地，现在想象一下同样的场景，但这一次，当你回到家里，发现一切都是干净的，床铺收拾得很好，衣服也收了起来，总之家里看起来一切都很整洁。于是，你把外套挂在衣架上，把鞋子脱下放到鞋柜里，给自己倒了杯新鲜的饮料，然后安静地躺在沙发上，看喜欢的电影、书籍，或者什么都不做。这时候，你甚至不希望有人打电话给你，以免干扰你的休息。

正是这些细节能让艰难的生活变得更美好，别小看它们。

用音乐测量时间

现在，我告诉你一个非常有效的方法来缓解情绪、减轻压力，让你感觉更好。听起来不错吧？

如果我说，没有什么比手表那机械的、不间断的嘀嗒声更能反映我们不健康的生活方式带来的焦虑与痛苦，相信你一定会同意。所以，解开手表带，把手表忘了吧！

在生活中，我们有很多紧张或痛苦的时刻都是看着手表度过的。也许是因为时间过得太慢，也许是因为时间过得太快。我们匆匆离开家门，每分钟都盯着手表。比如，开会要迟到了，或者赶着去接孩子，再不然就是要赶在超市关门前购买东西，这些时候，我们每隔一会儿就看一眼手表。再比如，我们在等一个重要的电话，也会一直盯着时间。

不管怎么说，手表是一个让我们充满压力和焦虑的"魔鬼装置"。它是慢生活的对立面，不断地提醒我们去某个地方要迟到了，或者已经没时间做什么事情了。

我们都盼着周六、周日的 48 小时，为什么呢？那两天我们会享受更长的时间吗，还是说我们能把时间都花在娱乐上？当然不是。对我们来说，关键不是有没有更多的时间，而是要学会享受时间，不是沉迷于时间。

我的建议是，要摆脱时间对我们精神所加的桎梏，你可以借助于音乐来衡量时间。很少有人想到能用多种其他方式来衡量时间，但事实上是有的。比如，在体育领域，教练们计算出做 20 个仰卧起坐（2 组动作，每组 10 个）需要 1 分钟。此外，当我们养成长跑习惯后，会知道跑 1 小时能到什么地方，然后就可以按照规划的运动时间跑到某个地方再返回来了。而我最喜欢的计时系统是音乐。

知道一个歌曲列表的持续时间有多久是很简单的，无论我们播放的是最喜欢的某个音乐家的专辑，还是声田（Spotify，一个音乐平台）的播放列表，我们都可以了解总播放时长是多少。此外，我敢肯定你和我一样，通常喜欢连续听音乐。我的意思是，你会有一段时间喜欢某个音乐家或某个音乐列表，然后一直听，直到有些厌倦了才会寻找新的专辑，诸如此类。

事实上，我们能够在很短的时间内记住一个播放列表，因为我们用的是最好的方式——凭感觉自然地记忆。我的意思是，也许我们不能背出列表上所有的歌曲（这样做是荒谬且无用的），但是当一首歌快要结束时，我们已经开始哼唱下一首歌，甚至几乎没有意识到这一点。

我制作好一个播放列表，然后这些歌曲便一直在我的日常生活中出现。比如，在早晨上班路上或者去某个地方的路上，我会一直听这些歌曲。如果我在某个时刻发现听到的歌曲不是平常那个时候该出现的，便知道自己是来得早了还是迟到了，这一过程并不需要手表。如果我对确切的时间有疑虑，我会看手机或汽车上的时间。

你也可以尝试不再使用手表，习惯于用音乐来测量时间。你会发现音乐在释放压力、缓解情绪甚至消除疲劳方面的功能令你印象深刻。

停止测量时间，开始享受时光；停止测量生活，开始享受日常。

第七章

秩序和清洁

第一节　破窗理论

在职业生涯中，我总是提到破窗理论这一犯罪学理论。因为它不仅适用于刑侦，还适用于从计算机科学到家庭组织等许多其他领域，因此我有必要提及这一理论。它的规则和效果完全适用于本书所关注的问题，即秩序能以某种难以想象的方式改变我们的生活。

先让我们看看这个理论到底是怎么说的：

一个窗户破损的建筑，如果它的窗户没有修好，那么就会有更多窗户被打破。最后，破坏者甚至会闯入建筑。如果这个建筑被遗弃了，那么破坏者最终可能会占领它，并在里面放火。

或者类似的另一种情形。人行道上堆积了一些垃圾，如果没有人收拾，很快就会有更多的垃圾堆积起来。随着时间的推移，人们会在这里扔下快餐店的垃圾袋，甚至过往的汽车也会在这里扔下垃圾。

为了验证这一理论，不同地区进行了几项试验。比如20世纪60年代末，布朗克斯（美国纽约市的五个市区之一）的一个贫困、萧条、被遗弃的街区，还有帕洛阿托（美国加利福尼亚州的一座城市）的一个高级街区，都做过类似试验，结果非常相似。

如果一辆状况良好的车停得好好的，破坏者通常需要几天时间才敢碰它。但如果这辆车有某些损坏的地方，令它看起来像是一辆被废弃的车的话，那么只需几小时，这辆车就会被洗劫一空，甚至车的外壳也要脱层皮。

多年以后，纽约市将这一理论作为其公民安全政策的主要框架，重点是解决一些小问题，彻底铲除诸如潜入地铁或弄脏公共场所那种愚蠢的行为。结果，犯罪率下降了一半多，其中还包括谋杀和严重犯罪。

这和生活或家庭中的秩序有什么关系？好吧，这一理论告诉我们，在问题还很小的时候，必须毫不留情地加以解决，否则，这些问题就会越来越大，最终失控。

我来举个例子。你有多少次把一个文件夹或手提包放在餐桌上然后没再管它？有多少次你把它挪动一下只是为了腾出地方放别的东西？从那之后，你有没有在餐桌上放置其他一些文件、物品甚至是一些等待熨烫的衣服？

这同样适用于你的大脑。也许家里有些小事困扰着你，或者让你觉得不舒服，但你没太在意，觉得没有必要在小事上花费精力。随后因小事积累导致的麻烦出现了，问题比原来大多了，甚至逼得你不得不解决。和原先的状况相比，现在的麻烦令你感觉压力更大。

那么，在日常生活中要怎样应用这一理论呢？如果你知道哪些物品不应该放在客厅的桌子上，就不要把它们放在那里；出门前要确保已经洗好了碗筷；把你刚刚放在椅子上的那件外套放回衣架或衣柜。总之，不要让事情失控，不对小的问题妥协。可以说，小的问题是否会放大成麻烦，关键在于你对待细节的态度。

减少重复清洁

我的咨询者中有很多人因为觉得时间不够用而不堪重负，觉得生活就是一直在打扫卫生，快打扫完的时候前面打扫过的地方又脏了，必须重新开始。然而，他们并不觉得收藏的 200 多个摆件、书架上大量的旅行纪念品或数百个装饰品是个问题。

有一个明显而普遍的事实：我们拥有的东西越少，就越不需要清理。其实还有更多连带效应：我们拥有的东西越少，就能越好、越快地清理。

这次我用厨房台面来举例。这是一个很好的例子，因为厨房里总是容易充满油脂、面包屑和其他食物残渣。尽管每天都在打扫厨房，但有些人仍然觉得厨房很脏。

我对此的建议是简洁明了的：台面上的东西必须完全清除，或至少清除日常不怎么使用的东西。

想想看，你要花多长时间清理一个空荡荡的台面？对此你有何感觉？

现在让我们来看看相反的例子，一种看起来更常见的情况。想象一下，一个中等大小的厨房，有 2 ~ 3 米长的台面。现在，我们把大多数家庭中的典型物品放在上面。

首先是一个胶囊咖啡机，现在似乎已经被弃用了；通常放在这一区域的微波炉；放厨房刀具、烹饪用具（勺子、叉子、剪刀等）的收纳架，还有盛放油盐的瓶罐，也许还有其他调料瓶等。有的厨房还会有烤面包机、三明治机等。除此之外，我们还会在这里放一些盘子。

你可能觉得有些夸张，但我向你保证，这是一个普通厨房的缩影。有时，我还会发现一些放其他物品的盒子，甚至有些是原本不适合放在橱柜里的东西，比如面粉、麦片或者水果等。

好吧，厨房里到处都是垃圾，你要花多长时间清理干净？为了保持整洁，你要做的就是把台面上的所有东西都清理掉，把家用电器和其他厨房用具清洗干净后再放回去。老实说，花1小时来清理厨房我一点都不会感到惊讶。

现在，你用相同的办法处理客厅、卫生间和卧室，就会意识到你花那么多时间清理却一切看起来没什么改变的原因了。

拥有更多东西意味着两个明显的后果：第一，你会有更多的清理工作；第二，你会有更多的麻烦。两辆车带来的麻烦比一辆车要多，两间屋子带来的麻烦比一间要多，但不要认为这只适用于比较大的事物。同样地，15双鞋带来的麻烦比5双多，20件衬衫带来的麻烦比6件要多。那么，是什么样的麻烦呢？比如，你需要更多的空间来保存它们，需要更多的熨烫、折叠等工作，我想你现在可以理解我所说的事情了吧。

这与我们接下来要讨论的主题完美地联系上了。

第三节 少，却更好

本节我要讲的是这样一个观念：少，却更好。

这有可能吗？有。我们已经讲过：花钱少，清洁少，问题少，所以我们可以节省时间，过得更安静、快乐。但这不是全部，还有其他原因。

当我们习惯于"少"的生活时，通常保持生活质量不下降的办法是：如果我们愿意，可以提高物品的质量标准。

我敢肯定你已经好多次考虑买那件夹克或那个特别的包了，但因为它超出了预算而不得不放弃。然而与此同时，你却有好几个 15 欧元的包。你有没有注意到，10 个 15 欧元的包与 1 个 150 欧元的包的费用是相同的？没错，你完全可以用后者代替前者，这就是我要说的意思。

与其为那么多东西购置一个大衣柜，或者堆积如山的收纳箱，不如谨慎一些，不要冲动购物。冲动购物的结果就是，有一天你会拿着一件衣服说："我买这件衣服的时候到底在想什么？"

与其让屋子里到处都是收纳箱和衣柜，倒不如穿着那件特别的衣服照镜子享受一下，在客厅里微笑着环顾四周。我向你保证，这比你想象的简单多了，你只要改变购物观念就能理解这么做是为什么。

下面就来介绍一下在生活中怎么做到"少，却更好"。

第一步，把你所有的物品进行分类，以确定是否喜欢它。不要考虑它的用处或是否可以替代，只要把它归类为"喜欢"或"不喜欢"即可，无论是衣服、装饰品，还是家具。这样做完后，你就会意识到自己有多喜欢或厌恶现在的环境了。如果你发现有太多不喜欢的东西，那一定是哪里出现问题了，你不觉得吗？

第二步，寻找能替代你不喜欢的东西的物品（如果确实需要更换它）。不要看价格，也不要太局限，重点是这件替代物品要比较理想。

第三步，永远不要购买你无法确定是否真的需要的物品。怎么做到这一点呢？起初，尽量不买刚看到的物品，这是一个可以避免冲动购物的基本原则。那件物品你喜欢吗？现在回家去睡一觉。如果经过几小时或几天，你仍然想拥有它才代表你真的喜欢。但它没有了怎么办？相信我，这不是问题，现在在网上你几乎什么都可以找到。如果真的找不到也没关系，没有什么是真不可或缺的。假如因此恢复你原来的购物习惯，你将失去更多。

这种新的购物习惯必然会使你减少消费，让你可以充分利用节省下来的积蓄，为自己的心血来潮留出余量。如果那件神奇的家具或 4K 电视机让你想得发疯，就可以通过这个办法处理。也可能你需要更长的时间才能养成这一习惯，没关系，你会发现自己渐渐从疯狂购物的漩涡中解脱出来。你意识到自己的需求在减少，然后会为购买东西而感到兴奋。这时，你会将购买变成一种特别的行为，而不是无法控制的习惯。

最后，给大家一个忠告：永远不要分期付款。截止日期、快速小额贷款和月底结算是诱使我们购买的发明，让我们不假思索地购买物品，却没有时间冷静思考它是否对我们有用。

总结一下，不要在你看到物品的当天便买下来，不要在还没确定你的生活是否真的需要它的时候购买，不要分期购买。

5 分钟清洁卫生间

5 分钟之内能把卫生间打扫干净吗？的确这不是件简单的事，但我所说的不是那种彻底的清洁，而是一种快速的清洁方法，能让你在最短时间内保持卫生间的整洁。

这种方法能节省你的时间与精力，使用它，你可以每两周做一次一般强度的清洁，而不是每周清洁两三次，每次持续 15 ~ 20 分钟。

使用这种方法的关键是集中精力。用手机设置 5 分钟的倒计时，确保它到时间发出警报。在这段时间内，你只需专心在卫生间里清洁，不玩手机，不看社交软件，清洁之外的任何事情都不做。

我们从卫生间的清洁开始。拿出清洁剂，倒在刷子上，开始行动吧。

如果你的卫生间有浴缸，可以先清理它，用涂了清洁剂的海绵擦拭。如果你能每周清理几次，它就几乎不会有任何污垢，而你的清洁速度也会很快。我们知道清洁效果是会累加的，但如果你不能经常维护一件物品，那么这种效果就不会发挥作用。这就是我们要彻底清理的原因。

在洗手池等其他地方使用同样的方法，在海绵上涂抹一点肥皂来清洁。没有海绵，也可以使用清洁布。现在市面上有各种清洁布，用起来非常便捷。

现在可以使用抹布了。可以用它来擦拭表面，而不必过多关注角落和缝隙。不用挪动任何东西，那可以等正式的大扫除中再进行。

对于镜子的清洁，请使用特殊的玻璃布（或类似的清洁工具）。

对于地板，可以在用扫帚之前先用扫地机器人清理一遍。在现代社会，为了方便，很多人会使用扫地机器人。当然，如果你没有扫地机器人的话，也可以使用扫帚这种传统的清洁工具。最后，把清洁剂擦掉后最好再喷一点喷雾除臭剂或空气清新剂。不要忘记最后这个看似小把戏的环节，它有着重要的作用，将为整个空间提供令人愉悦的香味。气味对空间的清洁感影响很大，千万不要低估它的作用。干净的空间却有着难闻的气味，会令人感觉这里很脏；而空间即使不那么干净，但气味很好，一样会传递出良好的感觉。在这方面，感官带给人的感受很重要。

8 分钟清洁厨房

在讲述本节内容之前，先说一件事，我的厨房相当小，所以 8 分钟足够做完清洁。如果你的厨房是那种大得令人羡慕的，可能要花更长的时间，比如 10 ~ 15 分钟。时间长短在很大程度上取决于面积。

我的厨房是美式的，与客厅相连。正如我说过的，厨房清洁的第一要务是保持台面完全干净，就像你在杂志或电视上看到的那样，厨房台面上什么都没有。空无一物会在视觉上增大空间，让一切看起来更干净。保持台面干净其实只需要几秒钟就可以。若是厨房布置得太满，则会使它显得更小，令人不舒服。

一个厨房可能确实是干净的，但如果它看起来不像应有的那么干净，或者说它传递不出那种干净的感觉，那么，对于减压或放松身心就没有任何用处。当一个空间让你感到压力或者不舒服的话，必须采取果断行动。我虽然不知道你家厨房确切的样子，但它肯定还有很多需要清理的东西。经验告诉我这些东西会给你带来不少麻烦。

对于这一例行清理，计时器的作用是至关重要的。所以把手机放下，让我们去做清理吧。记住，你必须专心致志，不看电视节目，不看手机 APP，不受任何干扰。

首先在玻璃上涂抹小苏打，再涂一点醋。在这些物质发生反应的时候，我们可以继续其他工作。

在厨房墙壁的瓷砖上以及接触空气的台面上喷点儿醋，让它在那里静静地发挥作用。

我没有洗碗机，也没有微波炉，所以跳过这两部分。接下来是从餐具沥水架（记住它不是一个放餐具的副柜）上收拾餐具，并洗涤水槽中的餐具（数量不应该很多）。

我知道洗碗刷锅很困难，但你必须尽快完成。如果你能把这件事也当成一个例行工作来完成，那么最终你会形成自动操作的习惯，厨房里也就永远不会有大量盘子等着你来刷。

然后将醋洒在台面的剩余部分、水槽和水龙头上。当它发挥作用后，可以使用刀片等工具配合清除污垢，并用湿布擦干净。

接下来，清洁台面和瓷砖。在这段时间里，你喷洒的醋将发挥它独特的魔术般的作用，就像 KH7（一种可溶性腺苷酸环化酶的特异性抑制剂）广告说的全能去油污那样。用一些纸巾把醋擦干，这样就完美了。

最后，如果你有吸尘器或洗涤器，可以用它来清理厨房地板。如果没有的话，你就必须手动完成这项工作了。

另外，我有一块布，专门用于擦水槽和橱柜下面的地板。这些地方有大量掉落的油污和食物残渣。我在布上喷了一点儿醋，继续让它发挥清洁作用。

来吧，告诉我你停止清理厨房时计时器上的时间。

第六节　半小时清理出一个完美的家

　　显然，这个标题听起来很好，但清理效果取决于"完美"这个词对你意味着什么。对我来说，完美的家意味着它足以让我接待客人，但我觉得没有必要对其进行详尽的质量检查。

　　作为一名整理师，我寻求的不是近乎苛刻的洁净，那种用批判的眼光扫过每个角落来评判那里是否整洁的行为不在我的计划当中。我的目的是让你拥有一个舒适的家，并在清洁、秩序与生活之间取得平衡。

　　在我看来，那些所有东西都不能乱碰以免弄脏的房间非常可怕。你不能躺在沙发上，因为会弄乱它，这对我来说很糟糕。为了追求完美，有的人一天 24 小时经常在打扫和整理。

　　确切地说，我的方法是尽量减少你清理所需的时间，用一种秩序让你家里的秩序、清洁情况足够好，这样你就可以享受生活，这才是真正重要的事情。

　　如果我上面表达清楚了对一个完美的家的理解的话，下面让我们开始工作吧。

　　到了这个阶段，你的房间应该已经清空了不少，有着干净的书架、家具、门廊，而不会有几十件不必要存在的东西困扰着你。你现在有了"毫不留情"

的概念和意识，可以摆脱很多多余的东西。在你的脑海里，已经有了一个新的家的概念，慢慢地你会意识到它带给你的变化有多么巨大。

首先，在玄关或客厅漫步。这里是家的门面，反映一个家的精神面貌。你需要检查衣帽架，我敢肯定那里有一些外套或手提包，也许还有一些落在鞋柜外的鞋子，玄关柜上说不定还有一些纸张和小册子。

当扫地机器人在房间中"走来走去"的时候，你可以专心收拾桌上或地板上剩下的几件东西，一般以儿童玩具居多。既然你知道每件东西应该放在哪里，而且也有装它们的收纳工具，那么把它们放回原位就很简单了。

为什么这么简单？主要是因为你不必思考。你和你的家人会像运行良好的机器那样处理这项事务。不会再因思考而停顿的时间，也不会将所有东西堆放在壁橱里敷衍了事，那都是过去的事情了。

对于浴室和厨房的主要表面，用布和醋快速清洁，最多不应超过 5 分钟，因为大多数物品都不见了。

清除家具表面上的灰尘也将像儿童游戏那么简单，完成这项工作将非常快速，即使青少年也可以承担。请记住，这是一个快速的清理，而不必关注细节。由于你每天和每周开展的例行清理工作，以及干扰视觉和无用之物的减少，秩序和清洁都将更容易维护，且持续的时间更久，所以你的家里不会有大量聚集灰尘或污垢的地方。

现在还有什么工作没完成吗？是的，我再给你支一招，让你的家看起来像经过专业整理师整理过的那样。这一招的关键就在于气味，你可以使用空气清新剂（很多超市都有销售）。一般来说，除了消除异味，空气清新剂通常还会留下淡淡的花香，使一切闻起来都很宜人。

将空气清新剂应用于窗帘、沙发甚至地毯等主要织物上，最后在空气中也喷一点。顺便说一句，我建议你每周至少在车里也喷一次。

现在，你的扫地机器人仍然在工作，而你已经离开了自己的家。我估计，最多 20 分钟之后，你家里的地面就干净了。不过这个时间取决于它起初是什么样子，当然也取决于你家的面积，70 平方米的房子和 700 平方米的房子肯定不一样。

我一直住在 60 ~ 100 平方米的房子里，所以这种清扫一般会花 5 ~ 10 分钟（我一般只把扫地机器人留在客厅，因为通常访客会待在那里）。

我一般称这种清理为"当你不在的时候"，这个名字来自于美国的一档室内设计方面的电视节目。在节目中，设计师在户主周末外出时重新装修了其住宅的一个房间。他们总是在最后一刻结束，留下一些细节上的悬念，等待主人打开家门，一脸惊喜。

这是一项让我们有备无患的清理工作。我们经常会遇到这种情况，有人会突然打电话告诉我们他会在几分钟后来做客，这很容易引起我们的恐慌。因此，常见的情况是，在客人爬楼梯的时候，我们正匆忙地将所有物品塞进衣柜里。我说错了吗？

第七节 节省时间的技巧

如果你是个比较讲求规律的人，可能会在时间安排上非常自律，因为不这样的话，你总感觉时间不够用。

事实上有很多方法可以节省时间。比如，在你家里做个小小的施工，更加便利的功能会帮你节省很多时间，这一部分将在下一节做详细展开。

此外，其他方法也很简单，甚至不需要你改变太多习惯。

本节介绍两个节省时间的方法，希望对你有所帮助。

1. 更快地熨衣服

熨斗是我们经常要使用的工具之一。有人喜欢熨烫衣服吗？是的，有人喜欢，但这是另外一件事，不在我们讨论范围之内。

事实是，可能 99% 的人都不喜欢做这件事。但是有一些技巧可以减少衣服熨烫的次数或加快熨烫的速度。

首先，如果有烘干机的话，可以将速度调到最低。这样，虽然衣服需要更长时间才能变干，但起的褶皱要少得多。

其次，晾衣服时要小心谨慎。如果你在晾衣服的时候，能够拉直衣服并以最好的方式放置，也将减少一些褶皱。

如果你不喜欢 T 恤的话，那么你穿的最多的可能是衬衫。为了减少褶皱的产生，收纳时最好将它们放在衣架上，每个衣架放一件。我相信你会对这么做的效果感到惊讶，因为这样收纳，衬衣上的褶皱真的很少。特别是在冬天，衬衫外面通常套着毛衣，你就更不需要熨烫它们了。

衣服一旦干了就要尽快从晾衣架上取下来。我知道这是件比较困难的事情，特别是如果你住在比较炎热的地方。让你整天盯着衣服是否晾干并不现实，此外，我们还会经常外出几小时。但仍然有必要尽快做这件事，这是至关重要的。

总之，大家要尽快地收好衣服，因为干了的衣服留在晾衣架上的时间越长，情况就越糟糕。这就是我所说的"僵硬效应"——如果衣服暴露在阳光下的时间太长，就会变得僵硬并形成褶皱。

前面已经说过，你把衣服从晾衣架上收好并放回衣柜里可以节省时间。你可以在旁边准备一个托盘，在收衣服时便将其叠好放在托盘上。没有什么比把脏衣服或者晾干的衣服丢在沙发上更糟糕的了。

如果你能把衣服从晾衣架上取下后叠好，并在衣服晾干时马上进行这些工作，就可以节省 80% 的熨烫衣服的时间。而叠好的衣服要立即放入衣柜。

最后，对于那些仍然需要熨烫的衣服（比如裤子或衬衫），我的建议是，先把它们叠好放在一个篮子里，不必急于熨好，因为有些衣服本身的材质会让板型变得松散，从而拉开一些褶皱，减少工作量。试试看，你会发现我说的没错。

我希望这些技巧可以减少你的工作量，让你的生活更轻松。如果你对衣服的收纳、熨烫有着良好规划，将有很多收获。

2. 未来的起点在这里：机器人

欢迎来到"未来"。20世纪80年代的电影和书籍中描绘的21世纪是这样的：汽车会漂浮在气垫上在空中飞，机器人或人形机器会处理我们日常生活中所有烦琐的工作。

好吧，我们目前还没有走到这一步，但确实，许多重要的科技发明尚未在大多数家庭中普及，部分原因是这些科技发明没有取得人们的信任。

目前，我们有很多种机器或机器人，有些比较智能，可以吸尘、擦洗地板、洗碗、做饭和熨衣服。当然还有更多我想不起来或不知道的。

有些机器在我们的生活中已经存在很多年了，比如洗衣机；而另一些却引起了人们的疑虑，比如扫地机器人。

在过去十年中，机器人领域取得了革命性进展，我将其与洗衣机的发明相比较来进行说明。当年，老人们会抱怨洗衣机洗的衣服不如手洗的干净，说那些机器会弄坏衣服。如果比较一下，你就会发现现在人们对扫地机器人的评论和当年对洗衣机的评论是相同的，比如它们打扫得不干净，或者它们会破坏地板，等等。实际上这两种情况都不会出现，而我们的孩子以后就不会有这种质疑了。

比如，现在扫地机器人是最先进的工具之一，你可以安排它们在你外出时工作。它们会对整个房子进行测算，以确保能够打扫到各个角落，最大限度地延长工作时间，完成后还有剩余时间返回充电器处充电。如果你有一个小而干净的家（如我所建议的那样），那么扫地机器人会让它尽善尽美。

如果你想彻底清理的话，就必须把类似椅子这样的家具或物品抬起来，但这不是每天必须做的事情。对于细节之处，我会用一个小的手拿吸尘器清理。很明显，有些地方它清理不到，但并不意味着它没用，要知道我们用传统的扫帚或吸尘器也不一定能清理所有角落。

事实上，扫地机器人受到我们重用的一个原因是，它们可以潜入家具下面，使清洁范围更广。

如果你要将地板维护委托给扫地机器人，那么必须牢记一些使用要点。

第一点也可能是最重要的一点是：避免地板上的电线松散脱落，特别是如果电线很细的话，会被扫地机器人撕裂，造成真正的破坏。从某种意义来说，这实际上是一件好事，因为这会迫使你整理并隐藏好电线。如今，市场上有数百种隐藏、收纳电线的工具。因此，除了懒惰或疏忽，你没有理由不做好这件事。

你要记住的第二点是：窗帘不能拖到地板上。扫地机器人的刀片可能会被缠住或卡住，甚至被弄坏，然后留下后面的清洁工作无法完成。

最后，考虑一下你家中地毯的厚度和类型。如果太厚的话，机器人会把它们理解为需要跳跃的台阶或墙壁，而不会清理它们；如果它们的绒毛较长，很可能会缠住扫地机器人。

当然，我们必须在另一方面做出一些让步，我指的是价格。但我认为扫地机器人的价格是合理的，如果考虑到其减少了我们清理地板的工作量的话。自从我有了扫地机器人，已经十多年没有用过扫帚、吸尘器和拖把了。

吸尘器的主要缺点是，还没有一种方法能让它们自行清洁或清空尘盒，所以我们将不得不定期打理它们，或进行小型维护。另外，如果想让扫地机器人用得更长久的话，应该一年两次对它进行彻底清洗，其中有些零件需要拆卸。通常情况下，里面常常充满灰尘、头发和残渣，大多数故障都是由这些东西造成的。

目前仍旧不太发达的熨烫机器人，在市场上有几种型号，它们有几个共同的主要缺点：价格很贵，每次能熨烫的衣服很少（它们缺乏独立性，需要等待人为处理）；最糟糕的是，水蒸气和高温的组合会使这种电子产品经常发生故障；它们还占据了相当大的空间，几乎像一个小衣柜。因此我仍然在观察它们，虽然对它们不久的将来寄予厚望，但到目前为止，我不认为它们值得推荐。

　　总之，我的建议很明确：家务的自动化是非常重要的，有助于节省时间，摆脱家务对我们的束缚。我非常鼓励你购买这些设备，因为总的来说，它们的价格比较实惠，不会让你后悔。购买时要仔细研究市场上的所有同类型商品，不要总是轻信最便宜的东西。如果有的工具没能达到你的预期，也不要气馁。我也曾经买过没有预想中那样好的洗衣机和汽车，这样的事情有时难免会发生。

第八节　小改造让生活更轻松

相信你不止一次想过在家里做些小的改造，一些花费不太高的小改造可以让你的家在某一方面得到改善。

本节我向你展示 5 项小工程，除了满足花费不太高的条件，还可以帮你获得更多空间，让你的家更洁净、更有秩序。这 5 项小工程分别是：

①厨房最好使用台下盆而不是台上盆。使用台上盆的话，污垢容易在边缘积聚，这是令人相当不愉快且难以维护的。如果没有这种难以处理的边缘，你就可以用抹布顺利地清理整个台面，然后把残渣直接扔进水槽里，又快又简单。记住，台面应该尽可能干净。所以你可以想象台下盆会使你的清理过程有多快捷。

②地面使用大理石瓷砖或微水泥。我只在卫生间和厨房使用瓷砖，因为我觉得在其他房间使用它们会有点冷。当然，这取决于你所在地区的气候。

光滑的地面有一个问题，即在很远处就可以看到地上哪怕一个微小的面包屑或小瑕疵。使用大理石瓷砖的话，它自身的花纹就会很容易掩盖这样的小污渍或小凸起。我想，但凡拥有过白色瓷砖地面的人，都会理解我所说的话。那种无法隐藏污渍的苦恼非常令人沮丧。

近年来微水泥地面已成为时尚。这是一个很好的选择，非常有装饰性。这种地面无接缝，很容易保持清洁。此外，它的表面不会完全均匀，因此也很容易掩盖污垢和一些小的损坏。

③使用木地板的话，一般可以选择浅色，但绝不要用白色。和瓷砖一样，白色的木地板对清洁整理来说也是一种折磨。即使上面有漆面，你也会看到它不断变脏。因此我建议你选择一种色调比较浅的材料，比如山毛榉、榆木或松木。不要刷有光泽的清漆，那通常效果不会很好。请尽量尊重木材的自然颜色与色调。

有一个干净的木地面，你会发现家里的光线非常好，从而增大视觉空间感。此外，这样的木地板也能遮瑕，不会突出污垢，因此有助于保持家的清洁感，减少工作量。

④尽可能使用推拉门。这种类型的门可以让你利用原本为门的通道预留的空间。无论是否使用这些额外空间，推拉门都会营造出更大的视觉空间感。

⑤为橱柜的内部投资。我常常看到有人为家居改造花费大量资金，却几乎没有触及橱柜内部，或者充其量只是稍做改动。

定制橱柜有很多选择：可移动的架子、有隔板的书架，以及可以分别放置高跟鞋和一般鞋子的鞋柜等。

正如你所看到的，除了装饰精美之外，还有一些微小的变化可以为你在日常生活中带来很好的效果。

有些工程可能比较麻烦，比如地板，而其他工程则相对容易，比如橱柜。下次你决定进行家居改造时，不妨试试上述 5 个项目。

第八章

清洁和健康

我们为什么而打扫？

你有没有问过自己本节标题的这个问题？事实上我提出的真正问题是：如果你从未考虑过为什么要打扫，你又怎能理解自己的目标是什么？或者说，你为什么要花大量时间去打扫卫生呢？

有些人只是因为喜欢干净而打扫，另一些人因为别无选择（尽管他也不知道究竟为什么）。大家很少有意识地为了健康而打扫，对过敏患者来说有可能会加剧环境带来的不利状况。

这并不是说大多数人不知道打扫卫生对健康有益，很明显，大家都知道这个好处。我的意思是，很多人在打扫卫生时没意识到这一点，他们只是因为需要打扫才这么做。也许你觉得两者之间没什么区别，但事实是区别很大，而你的生活是否幸福在某种程度上就取决于它。

缺乏定期清洁意味着环境对你和与你共同生活的人的健康有很多潜在危险。当然，与其他所有事情一样，这是一个保持平衡的问题。我们的家也不必干净得像手术室那样达到无菌的程度。我想强调的是，比起每月一次的彻底清理，在平常就做一些不那么严格的清洁，对健康而言效果要好得多。

第二节　如何安排打扫

根据你想达到的效果，有不同的清洁程度，你最好在规划打扫的时候就了解一下这些事情。比如，你要每天擦拭台面，但不必每天都清洁瓷砖。

如前面所讲，日常只需要做一些小的维护工作即可。另外，使用醋作为主要的清洁用品，可以起到清除油污与消毒的作用。因此，你所得到的一切都是如此简单，只需花一点儿时间。

另外，诸如抛光、瓷砖接缝、抬起所有物品来清洁橱柜、清洁角落等工作，则比较复杂，需要消耗大量时间完成。因此，我的建议是，把这些复杂的事情留到彻底清洁的时候再完成即可，可以每个月或每三周进行一次，视具体情况而定。

我一般推荐阶梯式清洁。也就是说，每天都要做小而快的清洁工作，然后根据你自己的情况，可以每周做一次更大的清洁，每月做一次彻底清洁，或者每两周、每三周做这种清洁工作等。这取决于你的时间和精力，还有你家的情况。

你一定很想知道我是怎么做的。我喜欢每周一次的计划，从周一计划到周五。我坚信周六和周日应该享受假期，我们应该把周末的时间留出来，这绝对是有必要的。

有人认为，"周一，打扫卫生间；周二，打扫客厅……"这样的计划是毫无意义的。事实上情况并非如此。比如你没有打扫计划，然而到了周二要使用卫生间里的浴缸时，才发现它的里面积了一层灰。

上面举的例子是一项不那么繁重的清理工作，所以即使临时完成也没有问题。但如果你能提前做好计划，那么所有安排将会更加有序，你甚至不必临时思考需要做什么。这似乎是句废话，但如果没有目标或计划的话，你考虑要做什么的时候，会想起几百件事，从缝制裤腿到外出购物，再到洗碗，等等。思考是件好事，但你要控制自己的大脑，省去无意义的思考。

当你有书面计划时，就不会有多余的思考。时间一到，你看着计划说："好了，该去洗澡了。"十几分钟后，你在沙发上享受生活，很高兴已经完成了你的任务。

所以我鼓励你尝试一下，如果你以前没有这样做过的话。尝试给日常任务计时，从而了解完成它们需要多长时间（牢记在完成的过程中不要看手机），找到从周一到周五完成这些工作的最佳时间。尽量不要安排每天完成过多区域的打扫工作，最多两个区域。做到这些后，看看你的生活和之前相比有什么变化。

生态清洁

生态学一直是我关心的一个重要课题，当然，我并不是在徒劳地研究生物。

当我进入秩序和清洁的工作领域时，有几件事立刻引起了我的注意。第一件事是，可能由于生活中到处都有营销和广告，所以我们放弃使用许多价格低廉、环保且真正有效的产品，转而使用包装更好、价格更高但事实上并没有那么好的东西。

结果是，我们的橱柜里摆满了多年来在那里"吃灰"的物品，因为在偶尔使用之后，我们真的不知道它们还有什么用处。计算一下你因此而浪费了多少钱。

根据经验，我向你们保证，对一个有小苏打和醋的家庭来说，用这些来做一般清洁的话，绝大多数常见的积灰问题都能得到解决。当然，除此之外，我还使用一些其他产品，比如马赛皂（一种清洁能力很强、用于身体保洁的香皂）。

另外一件重要的事情是，为了完成更艰巨的任务，我们需要使用更专业的产品。但我要强调，一般来说，我们根本不需要使用有毒的物品，因为这类物品中有些除了会挥发之外，还会损害我们的健康和环境。我们不需要氨水、漂白剂或其他类似物品。尤其令人不安的是，氨会产生很强的毒性，却

使用十分广泛。你是否注意到，当使用含氨物品时，你的呼吸道会很快受到刺激？这便是一个警告。

　　相信我，不使用这些有毒物品，你的家一样可以彻底清洁。我们的房子不是医院或实验室，没有必要对它进行消毒。我们的身体已经准备好接受一般细菌的考验，它有自我保护的屏障，所以通过正常和简单的清洁，我们的身体完全可以应对日常生活中的环境，我向你保证这已经绰绰有余了。

第九章

打破规则

第一节　秩序的微调

过去几年来，通过书籍、博客及视频课程等，我一直在努力教人们如何通过遵守一系列规则，建立一个高效的家，一个令人感到舒适并且易于日常维护的家。

就像任何一门学科一样，一旦你达到这样一个地步，理解并掌握了规则，也就到了要学会打破它们的时候了。你可以调整规则，以便让它们更好地适应你的日常生活，或干脆创造自己的日常生活规则。

但是，有一点很重要，你必须先遵守规则才能开始这样做。如果不这样的话，你会很容易陷入那些只会让人懒惰的诱惑中，而不去尝试那些你不喜欢或者不相信的新事物。

当然，这些我都经历过，但我最终学会了打破规则，否则我的方法就不会发展到现在。我吸收了断舍离、极简主义等方面的理论，并根据我的个人经历和本地风俗进行调整。也许你会有疑问，这样是不是违反了规则？但是，正如我现在所说的那样，要打破它们，就必须先研究它们、应用它们并理解它们，这不可避免地需要时间。

当你掌握了一定的方法时，可能不想改变它，但可以微做调整。比如在维护家中某些区域的秩序时，你不必非常严格，可以在一段日子里任其混乱一点儿。但是，你训练有素的大脑会清楚地知道正在发生什么事情以及为什么会发生，最重要的是，知道出现问题后如何解决它。

如果有一两天或者一周，由于工作很忙、你很疲劳，或者由于假期打乱了日常生活，使你对你的家疏于清理，没关系，慢慢来。你的家已经建立了秩序，即使现在有点儿混乱，你也可以很快重新掌握主动权。这意味着，一个 100 平方米的房子，你可以用一个上午或一个下午就足以让它恢复完美，重新舒适起来。

这是非常重要的。不管此前你的家是什么样子，能够只花一天当中的两三个小时便让它重新焕发生机，这会让你有一种自由且能够从容掌控一切的感觉。

这正是支配和控制环境的自由。这种自由让你可以偶尔跳过几个步骤，或者在一个季节中放宽你的规则，把时间用于其他更耗费精力或者更加重要的活动。

这个过程会增强你的自信，让你感觉自己能控制局势，有助于缓解紧张和焦虑，并且为你提供一个放松和休息的地方、一个安全的环境，帮助你把精力用于更困难的工作，以及那些等待你走出家门去做的事情。

平衡最重要

无论什么事情，过度都不是一件好事，秩序也不例外。有些人对秩序或清洁过于执着，事实上这也是一个问题，而且是一个严重的问题。

沉迷于秩序和清洁的人很难感受到幸福，他们往往会在家庭环境中遇到挫折，因为家里其他人并不认同他们对清洁与秩序的过度执着。此外，他们还必须面对不断的挫败感，这可能导致抑郁。为什么呢？因为完美是永远都不可能达到的。

平衡可以最大限度地让你体验幸福。你不能生活在持续混乱的环境中，就像你不能生活在持续完美的环境中一样。你不可能整天盯着角落里是否有毛发，或者书架上的盒子是否摆放在完美的位置，抑或沉迷于按样式、花纹或颜色来整理衬衣。

请记住，保持有序和清洁的目的是帮助你更加快乐，生活更加放松、自由，让你体验家的美好，而不是把它当成负担。

如果你没有得到这种感觉，要么是这种方法不适合你，要么你就必须对其进行调整以适应自己的情况，当然也可能是它的效果暂时还没有显现出来。把握生活变化的时机是至关重要的。如果现在还没到必须清洁的时候，就别管它；当你感觉家里有些混乱了，那就抓紧行动。我相信平衡会让你幸福。

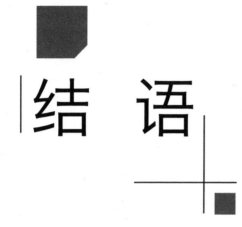

结 语

在本书中，我们论述了许多方面：一些偏重于理论，一些偏重于实际操作。在本书结束之前，我希望你的居室和生活能有一些改进。先回顾一下我认为最重要的几点。

第一，和所有事情一样，最重要的是平衡。过度清洁和混乱一样糟糕，过犹不及。相反地，取法于中则是通往幸福的道路。

此外，我认为更重要的是质量而不是数量。就像迪特·拉姆斯（20 世纪伟大的设计师之一）提出的那样："少，却更好。"这被很多品牌奉为设计理念。不要重复购买你已拥有很多的东西。比如，你节省下购买 5 条 20 欧元的裤子的钱，就可以购买一把触动你内心的 100 欧元的茶壶，你可以在不到两个月的时间内完成这件事。简而言之，不要让自己被广告、日常生活中的挥霍以及不负责任的消费浪潮所淹没。

事情越少、秩序越多，就意味着生活越轻松、问题越少、争论越少，痛苦也越少。随着每个新事物进入你的家中，出现问题的可能性就会增加。好好想想，它是否真正值得购买。

第二，我希望你从本书中清楚地了解开放空间和空地的重要性。你做家务的最终目的是服务于人而不是物品，你应该成为家中的主角。要始终保持房间中心畅通，并确保通道空间宽敞，没有障碍物。清理台面、桌子和家具表面，确保大门附近的区域没有大型家具。

第三，注意视线。确保眼睛至胸部水平范围内的所有东西看起来都不会拥挤或凌乱，并与空间的色彩保持平衡。在这个世界上，感知往往十分重要。你可以拥有一个几乎完美的家，而细节的营造会使效果更加美好，所以要注重细节之处。

第四，时间方面，关键是做好计划，专注于你做的事情，不要分心。计划会促使你按照例行程序自动执行，要尽量在每天的同一时间做同样的事情，直到你可以机械地、无意识地做到这一点。

另外，要想尽快摆脱家务的纠缠，就不要看手机，因为手机往往是令我们分心的罪魁祸首。

最后，同样重要的是，要注意自己的健康，保持良好的居室环境，避免使用有毒物品。化学产品的功能往往都能用自然产品来替代。为什么呢？很简单，因为化学家通常会模仿自然，但是所制的东西成本较低。这就是很多东西的开发过程：寻找自然中有用的东西，弄清它的成分，合成并通过自动化生产线来生产它。

但最重要的是，做你自己觉得最舒服的事情。如果某些东西让你感觉不那么好，那就处理掉它；如果你觉得生活中的某些事情不是它应有的样子，那就做一些改变、调节，直到找到正确的方向。不要让自己受到拖累，生活是"勇敢者的游戏"，没有什么比直面自己的困难更勇敢的了。